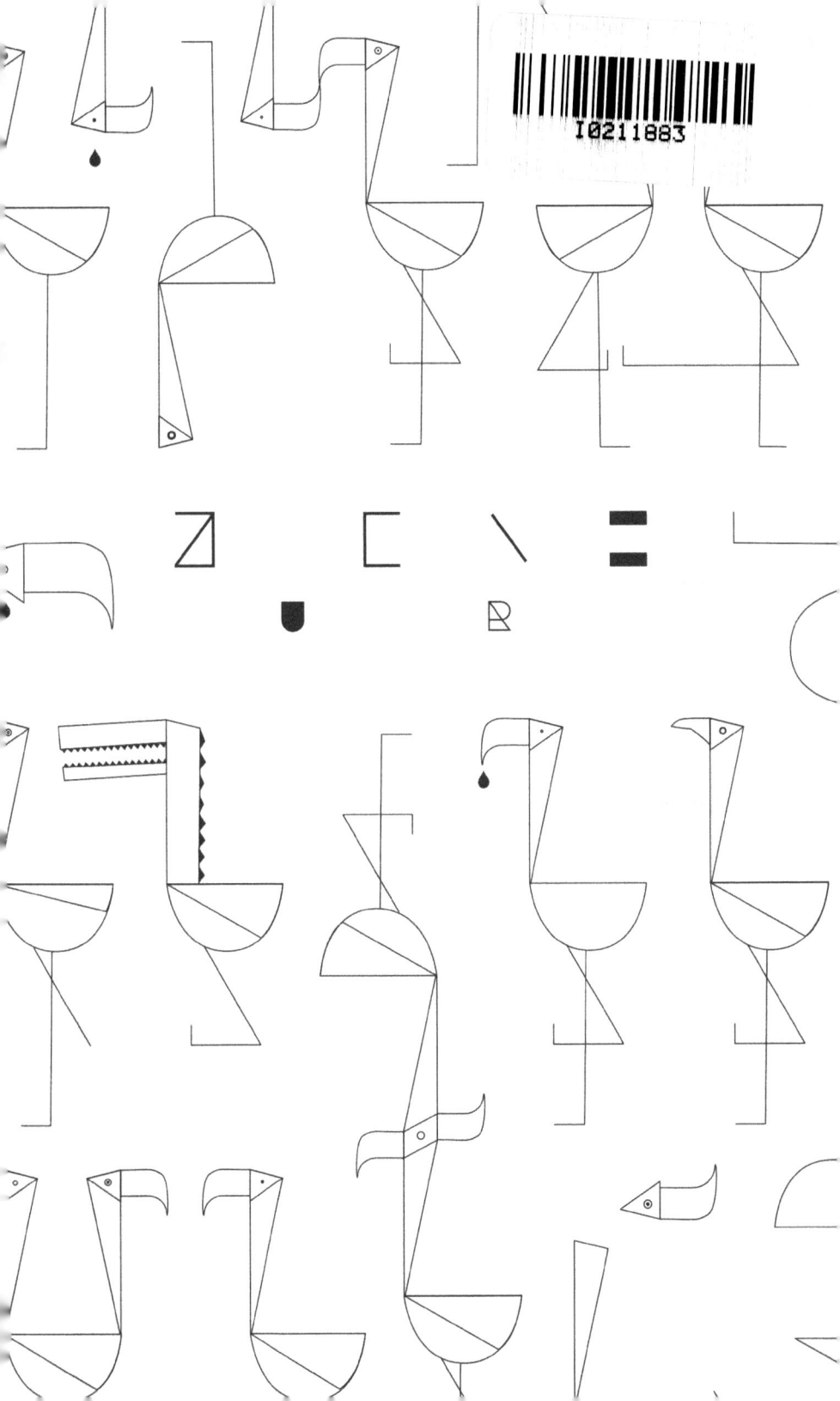

· ZOOLOGIE ·

MANUEL LLORENS

ESPAÑOL-ITALIANO

'Alliteration

ZOOCOSIS | MANUEL LLORENS
Primera edición: febrero, 2021

© Manuel Llorens
© Del prólogo: Carlos Colmenares Gil
© Alliteratïon Publishing, 2021

Diseño: Elisa Barrios
Portada: Andrea Martínez
Traducción: Silvio Mignano
Corrección: Amayra Velón

ISBN: 978-1-7378537-8-7

LA VACA Y EL MONSTRUO:
LA POESÍA DE MANUEL LLORENS

Los devenires animales no son sueños ni fantasmas.
Son perfectamente reales. Pero, ¿de qué realidad se trata?
GILLES DELEUZE & FELIX GUATTARI

1.

Ante el jaguar mutilado con el que comienza *Zoocosis*, se abren ciertas posibilidades que quisiera explorar en estas páginas. Se habla de un crimen, uno para el que los cuerpos de investigaciones son más ineptos que de costumbre, un crimen transhumano (¿sobrehumano?, ¿infrahumano?). Un crimen animal, tal vez, aunque pudo haberlo cometido una persona; sin embargo, las investigaciones dan un resultado, un resultado que titula este libro. Fue un caso real, pero la realidad que le interesa al autor, a Manuel (no me hallo usando su apellido), es de otro tipo. Intentaré rastrear su manera de ir tras dicha realidad en su poesía, su manera de desconfiar del lenguaje que es "...producto necesario de la duda y la insatisfacción"[1], como dice Alexis Romero. La manera de seguir de Manuel, que yo trato de rastrear también acá, como ya dije, es doble, sigue como un detective: "conviene que todo poeta se entrene / como detective / desarrolle hábitos nocturnos / guarde restos de mujer en la nevera / un mechón de pelo / una nota apresurada / un zarcillo / evidencias..."[2], como vemos en su homenaje al verdadero poeta-detective, el olvidado Elmer Szabó; pero Manuel también sigue como un animal, un sabueso melancólico que más que cazar, se acerca al mundo "buscando / el

---

1   Alexis Romero, "Desde hace rato", prólogo a *Poema para un lunes bancario* de Manuel Llorens (CELARG, 2006).
2   "Elmer Szabó", en *Poema para un lunes bancario*.

3

borde interno de las cosas"[3]. Si examinamos la secuencia de qué es lo que Manuel hace cuando sigue de esta doble manera, nos damos cuenta, como dice Jacques Derrida, de que cuando seguimos y cuando decimos "sigo", estamos siendo a la vez humanos y animales, siendo y si(gui)endo[4], yendo "...desde los 'fines del hombre', esto es, desde los confines del hombre hasta el 'paso de las fronteras' entre el hombre y el animal"[5]. Alguien que sigue, actitud profundamente animal, pero que sigue con la palabra, rasgo humano por definición, ¿cómo explicar esto? Sabemos que una de las analogías más comunes para un detective es la de sabueso, sí, pero Manuel no trabaja por analogías, como sí lo hacen los ineptos que investigaron la mutilación del jaguar. ¿Cómo resuelve este crimen el poeta devenido investigador? ¿Cómo pone en juego su olfato animal en la palabra? Las metáforas no le sirven para esto. Entonces, no es el poeta *como* una cosa u otra, es el poeta habitando todas esas posiciones, un fingidor que disfraza de poesía la poesía que ya estaba ahí.

2.

La preocupación por el animal en Manuel, que se multiplica y se expande en *Zoocosis*, tiene acompañándolo toda su vida poética. *Vaca peligrosa y otras aves migratorias* (1999) es un ejemplo claro de su forma de seguir, en este caso de rumiar palabras y hechos poéticos con el fin de hacerse preguntas, siempre más preguntas. El "estoicismo melancólico"[6], las "...cagadas de medio metro"[7] son el origen fabricado de un poeta que amontona una

---

3   "el borde interno de las cosas" en *Poema para un lunes bancario*.

4   Derrida juega con el hecho de que en francés "je suis" significa tanto "yo soy" como "yo sigo".

5   Jacques Derrida. *El animal que luego estoy si(gui)endo* (Trotta, 2008), 17.

6   "Vaca peligrosa", en Manuel Llorens, *Vaca peligrosa y otras aves migratorias* (El Pez Soluble, 1999).

7   "Vaca peligrosa II" en Vaca peligrosa.

obra al escribir *Zoocosis*. Su Ars Poética en ese primer libro en un principio parece un divertimento, y quizás lo era, hasta que nos adentramos en los devenires actuales de *Zoocosis*:

> Hay que acariciar las manchas
> blancas y negras de la vaca en verso
> interpretar sus charcos de tinta
> como prueba psicológica[8]

Me parece que solo cuando en su segundo libro, *Poemas para un lunes bancario* (2006), vemos, entre otras cosas, la idea ya mencionada del poeta como detective, pero también la humanidad devenida monstruosidad, es cuando entendemos esta mirada poética, que el peligro que la vaca representa no es que nos convirtamos en ella, sino todo lo contrario, que nos olvidemos de su paciencia, de su mirada, de su saudade, de lo que hay de ella en nosotros:

> con un cuchillo sangriento
> desollaste al animal
> separando el tejido blando
> de los huesos
> abriste el costillar
> buscando su nombre
> luego
> envolviste su corazón
> en un papel de periódico
> entre noticias de desastre
> y falsas promesas
> todo poeta
> es un carnicero[9]

---

8   "Ars poética" en Vaca peligrosa.

9   "carnicería", en *Poema para un lunes bancario.*

La duda y la insatisfacción que señala Romero pasan por el lenguaje y la poesía misma. La muerte del animal, y lo inevitable del lenguaje como asesino del mundo, muestran la desconfianza de Manuel en las metáforas. ¿Cómo no matar la realidad al celebrarla con versos? ¿Cómo no conformarnos con la analogía, con el *como si* y habitar los lugares de los que escribimos? Esta vaca, porque tiene que ser una vaca, que mata el poeta/carnicero en *Poema para un lunes bancario* y que pastaba y se drogaba con la grama en *Vaca peligrosa* va a resucitar (o reencarnar en su misma especie) en *Zoocosis*, pero no sin haber pasado por la extrema violencia de una ciudad donde el monstruo no es el animal, donde lo verdaderamente monstruoso es creernos exentos de esa monstruosidad, no ser "el monstruo que anhelo"[10]. Hay, por falta de mejores palabras, una pérdida de la inocencia de un libro a otro, y una bisagra en forma de vaca y de monstruo que une *Poema para un lunes bancario* y *Zoocosis*, donde el trabajo de Manuel se hace obra, donde la vaca desollada reencarna en ella misma, con sus traumas de vida pasada, con "su aliento Holstein", pero también con esas "noticias de desastre" y con el puño revolucionario de Fidel metido en su culo en "Vaca Peligrosa III" que continúa la serie iniciada en el primer libro.

3.

La figura de la vaca no existe sin la figura del monstruo entonces, y de explicarnos eso se encarga *Zoocosis*. El trabajo de seguimiento de Manuel trae un fruto parcial al entender que tanto la vaca como el monstruo son posibilidades nuestras que una lógica metafórica/analógica no captura, de ahí la insatisfacción con el lenguaje poético, insatisfacción de la que Manuel se hace cargo desde la poesía misma, como dije antes, fingiendo que es poesía la poesía que en realidad está ahí.

---

10   "no soy el monstruo que anhelo", en *Poema para un lunes bancario*.

Un epígrafe de Friedrich Nietzsche en *Poema para un lunes bancario* empieza a señalar el camino "Quien con monstruos lucha, ándese con cuidado, no vaya a ser también un monstruo", frase que vuelve para cerrar un texto de *Zoocosis* titulado "En nombre de la ciencia." Nietzsche, aquel que llevó a su Zarathustra a la ciudad llamada "La Vaca Multicolor", como se traduciría el nombre de la ciudad de Kalmasadalmyra, visitada por Buda[11], quien aparece en otro poema de este libro: "El Filósofo y el Mar Caribe", donde una tesis doctoral jamás escrita contiene toda la sabiduría del Mar Caribe. Una vaca que ya no tiene solo manchas negras, que ya no puede ser interpretada como un Rorschach, que escapa a una lógica proyectiva/analógica: "(cuando el psicoanálisis habla de los animales, los animales aprenden a reír)", dicen Deleuze y Guattari[12]. La vaca de *Zoocosis* es multicolor y tal vez solo puede ser contemplada bajo el brillo del sol costero, no se puede poetizar sobre ella, no de la manera interpretativa tradicional al menos.

¿Qué hacemos con ese monstruo y esa vaca? ¿Qué hace Manuel con ellos? Podríamos especular que Manuel calló por todos estos años sin publicar poesía (más o menos quince), y que lo que escribía era borrado por el esplendor del Mar Caribe y la violencia de su continente, y que nos presenta este libro como una forma de seguir, y de seguir dando cuenta de una serie de dificultades a la hora de crear esa realidad que su proyecto poético produce.

Podemos volver al epígrafe con el que abro para intentar desentrañar esta realidad, con el riesgo de ser carniceros de la poesía de Manuel. Deleuze y Guattari expresan que los devenires animales no son sueños ni fantasmas (ni metáforas, insistiríamos aquí), son reales, pero forman parte de una realidad que aún nos cuesta pensar. Las relaciones del hombre y el animal

---

11   Friedrich Nietzsche, *Así habló Zarathustra* (Alianza, 2003), 448.

12   Gilles Deleuze y Félix Guattari, *Mil mesetas: capitalismo y esquizofrenia* (Pre-Textos, 2002), 247.

son motivo de simbolismo y de comparación con muchas otras cosas, nos dicen también Deleuze y Guattari[13], pero lo que ellos llaman un devenir animal (o un devenir en general) no tiene que ver con semejanza, o imitación, o analogía o identificación[14]. No hay *como si*, hay solo devenir: "Lo que es real es el propio devenir, el bloque de devenir, y no los términos supuestamente fijos en los que se transformaría el que deviene"[15]. La vaca y el monstruo no son símbolos, son el nombre de los devenires que en *Zoocosis* se muestran.

Sale al paso un tercer devenir, que conecta con los anteriores el otro gran tema manifiesto de *Zoocosis*: un devenir alquimista, que yo más bien llamaría un devenir chamán, un espacio chamánico de la poesía.

Como alquimistas, los poetas laboran a oscuras, escondidos de la mirada normativa, mezclando palabras, soñando con atrapar la belleza, dar con una melodía tan perfecta que se parezca a Dios.

Los alquimistas no dieron nunca con la pureza. Bajo el fuego, sus pociones fracasaron hasta el cansancio.

Pero en el camino, con una mezcla de cal, sodio, potasio y cenizas grises de roble, fabricaron por casualidad el espejo plano. Transformaron la humanidad inventando un objeto en el que ésta se contempla a sí misma. Su fracaso produjo un inesperado instrumento de transformación[16].

---

13   Deleuze y Guattari, *Mil mesetas*, 242.

14   Ibid., 244.

15   Ibid., 244.

16   "Theophrastus" en *Zoocosis*.

Podríamos adoptar para Manuel las palabras que el filósofo Patrice Maniglier, citado por el antropólogo Eduardo Viveiros de Castro, suscribe como lo que debería ser, pero está lejos de ser, una verdadera antropología, algo que nos devuelve "...de nosotros mismos una imagen en la que no nos reconocemos"[17]. Manuel sintetiza perfectamente esto, los devenires animales, monstruosos y chamánicos de su poesía, cuando habla de "ese zoológico de espejos"[18]. Espejos que, aunque terribles, nos enseñan algo más allá de nosotros mismos, espejos anti-narcisistas, diría Viveiros de Castro, porque nos permiten acceder a las miradas de estas vacas y estos monstruos: "Se preguntó si la palabra monstruo proviene de alguna oscura manera del verbo mostrar", nos dice uno de los personajes en *Zoocosis*.

Además de animales y monstruos, los indios Mohave y su amor por los sueños, y los Yámanas de tierra de fuego y su idioma casi extinto aparecen en *Zoocosis* para confirmar esto: un zoológico de espejos al que una idea de la poesía como algo puro (como un viaje a la metáfora solo para seguirnos viendo a nosotros mismos) jamás podría explicar, o más bien mostrar. El espacio chamánico de la poesía que Manuel abre sugiere, como con Deleuze y Guattari, una idea del poeta como brujo: "...escribir está atravesado por extraños devenires que no son devenires-escritor, sino devenires-ratón, devenires-insecto, devenires-lobo […] El escritor es un brujo, puesto que vive el animal como la única población ante la cual es responsable por derecho"[19]. Esto no significa que la tragedia nacional también presente en *Zoocosis*, "...esa locura animal que nos aflige"[20], no entre en este espacio chamánico, sino todo lo contrario, estos animales y monstruos que el poeta-chamán invoca, y cuyos espacio ocupa, ofrecen una puerta de entrada a lo que se le escapa a la razón, a

17   Eduardo Viveiros de Castro, *Metafísicas caníbales* (Katz, 2010), 15.
18   "Cuarenta noches de lluvia" y "Zoológico de espejos", en *Zoocosis*.
19   Deleuze y Guattari, *Mil mesetas*, 245.
20   "Zoocosis", en *Zoocosis*.

la metáfora, a lo prosaico y a lo acartonadamente poético. Esa arca de Noé llena de migrantes con documentos apostillados, para los que el diluvio de cuarenta días y cuarenta noches es poco y no purifica nada, se le escapa a cualquier lenguaje, por eso, insisto, la desconfianza, la certeza de que la poesía falla, y la necesidad de al menos ofrecer un espejo que nos permita habitar nuevas posibilidades de ver el mundo.

La metáfora es una relativización vista desde un punto fijo: aquello que la metáfora representa, mientras que el zoológico de espejos de Manuel nos permite adoptar distintas subjetividades, devenir-multiplicidad de puntos de vista no como verdades parciales de una verdad universal poética o incluso social, sino como una administración de la diferencia. Al decir que somos como ese jaguar mutilado (cosa que Manuel nunca dice) reducimos la experiencia animal como algo objetivable, algo fijo, visto y descrito con el lenguaje del poeta; pero al mostrarnos nuestra propia *Zoocosis*, el poeta chamán describe la trayectoria que Viveiros de Castro explica:

> El chamanismo amerindio se puede definir como la habilidad que manifiestan algunos individuos para atravesar las barreras corporales entre las especies y para adoptar la perspectiva de subjetividades específicas, de manera de administrar las relaciones entre éstas y los humanos. [...] los chamanes son capaces de asumir el papel de interlocutores activos en el diálogo transespecífico; y sobre todo, son capaces de volver para contar el cuento, cosa que los profanos difícilmente pueden hacer. El encuentro o el intercambio de perspectivas es un proceso peligroso, y un arte político, una diplomacia[21].

---

21   Viveiros de Castro, *Metafísicas Caníbales*, 40.

Esta convivencia con monstruos y animales, esta peligrosa diplomacia que Manuel ensaya y logra en este libro, implican que necesitamos entender la zoocosis para entender que lo humano no basta, hay que dar cuenta de las vacas y los monstruos con todo lo que ellos traen. Manuel se adentró en la zoocosis por todos estos años, y aquí vuelve para echar el cuento. Vamos a escuchar.

Carlos Colmenares Gil

· ZOOLOGIE ·

Nei loro consueti giri di controllo i custodi dello zoo s'imbatterono in un giaguaro mutilato. La zampa strappata via giaceva in un angolo in una pozza di sangue. Una simile violenza non poteva essere stata commessa se non da un mostro. Con lo sguardo spento, la fiera si trovava nell'angolo opposto, tra il triste e il furibondo. Da sempre solitaria, ora lo sembrava più che mai, avendo avuto conferma della sua visione selvaggia del mondo.

Il giaguaro è un animale divino, un dio americano, adorato per secoli. Adesso, in un angolo, languiva rinchiuso in uno zoo male amministrato; monco, torturato da chissà quale tipologia di malato mentale capace di mutilare un animale in gabbia.

Un filo di sangue secco aveva formato una pozza fuori dalla gabbia, dove girava un paio di avvoltoi. Il silenzio teso del parco era interrotto dal loro svolazzare mortifero.

L'evento meritò la presenza della CIPC, la polizia investigativa venezuelana, esperta in sequestratori, boss del narcotraffico, assassini recidivi, cospiratori contro il governo. Si guardarono sconcertati. Chi avrebbero dovuto interrogare? Come avrebbero raccolto le prove? Come classificare il delitto? Per aumentare l'effetto drammatico da romanzo poliziesco latinoamericano il caso fu assegnato a un pubblico ministero chiamato Espartaco Martínez.

La notizia trovò scarsa eco in una città infetta da delitti sordidi, omicidi passionali e fosse comuni. Qualche difensore dei diritti degli animali sottolineò la crudeltà dell'episodio, ricordò che il giaguaro è

En sus rondas habituales los cuidadores del zoológico se tropezaron con un cunaguaro mutilado. La pata arrancada yacía en una esquina en un charco de sangre. Tal violencia no podría sino haber sido cometida por un monstruo. Arrinconada y apagada se encontraba la fiera en la otra esquina, entre triste y furibunda. Siempre solitaria, ahora lo parecía más que nunca, confirmada su visión salvaje de las cosas.

El cunaguaro, conocido también como ocelote o tigrillo, familia del jaguar, animal divino, deidad americana, por siglos adorado. Ahora en un rincón, languidecía encerrado en un zoológico mal atendido; mocho, torturado por quién sabe qué tipo de enfermo capaz de cercenar a un animal enjaulado.

Un hilo de sangre seca se encharcaba fuera de la jaula donde un par de zamuros merodeaban. El silencio tenso del parque era interrumpido por sus aleteos de muerte.

El evento ameritó la presencia de la CICPC, policía de investigación venezolana, experta en secuestradores, jefes de narcotráfico, homicidas reincidentes, conspiradores contra el gobierno. Se miraron desconcertados. ¿A quién interrogarían? ¿Cómo levantarían pruebas? ¿Cómo clasificarían el crimen? Para ampliar el efecto dramático de novela policiaca latinoamericana se le asignó el caso a un fiscal llamado Espartaco Martínez.

La noticia tuvo trascendencia escasa en una ciudad plagada de crímenes sórdidos, asesinatos pasionales y fosas comunes.

una specie in via di estinzione e lanciò un appello per la costruzione di una nuova Arca di Noè.

Caracas andò avanti più o meno come se non fosse successo nulla. Chi si sarebbe messo a protestare per la zampa strappata al giaguaro, se ogni fine settimana morivano assassinati più di cinquanta giovani? Chi si sarebbe lamentato dello stato di abbandono degli zoo quando non c'erano sufficienti chemioterapie per i malati di cancro, sufficienti letti per accogliere i moribondi nei pronto soccorso degli ospedali pubblici?

Si speculò che si trattasse di una banda criminale che praticava la santeria[1]. Si descrivono riti morbosi che permettono di comunicare con i defunti e che implicano animali vivi, sangue, alcol, zuffe, trance e pentimenti. Nel Cimitero Generale del Sud c'è un'area con tombe dimenticate che servono come forniture per alimentare i riti dei paleros e dei santeros[2]. Si pensò che gli artigli potessero occupare un certo spazio in un rituale oscuro.

Si parlò anche di zoonevrosi.

Fu la prima volta che sentii il termine. Si tratta di una malattia nervosa descritta per gli animali che soffrono uno stato di cattività. La parola mi provocò brividi e malinconia. I primi sintomi consistono nel correre da un estremo all'altro della gabbia senza motivo, abbaiare, ruggire o cantare in toni lamentosi. Si riporta anche un'accelerata caduta dei peli. In alcuni casi gravi si è parlato anche di automutilazioni. Gli animali cominciano a mordersi il corpo, ad aggredire le proprie membra.

Nessuno si rese conto di quanto fosse importante il gattopardo mutilato. L'orrore rimase nascosto sotto l'apatia.

Nessuno si rese conto dell'importanza di una sindrome da fiera che poco a poco è andata estendendosi.

Come curare questa follia animale che ci affligge?

---

1   *La santería è l'insieme dei riti afro-caraibici, presente soprattutto a Cuba ma anche sulla costa venezuelana. Con alcune differenze corrisponde al vudù haitiano e al candomblé di Salvador de Bahía (NdT).*

2   *I santeros sono i sacerdoti o in genere adepti alla santería. I paleros praticano il palo o reglas de Congo, che anche se spesso confusa con la santería è una religione sincretistica diversa da quest'ultima. Il palo fa riferimento a culture di derivazione congolese e in generale bantu trapiantate a Cuba attraverso il traffico degli schiavi, mentre l'origine della santería si colloca piuttosto in Nigeria, Benin e altre aree di cultura yoruba (NdT).*

Alguno que otro defensor de los derechos de los animales advirtió la crueldad del episodio, recordó que el cunaguaro es una especie en extinción y abogó por otra Arca de Noé.

Caracas continuó andando más o menos como si nada. ¿Quién iba a protestar por la pata arrancada del animal, si morían asesinados más de cincuenta jóvenes todos los fines de semana? ¿Quién se iba a quejar por el descuido de los zoológicos si no había suficiente quimioterapia para los cancerosos, suficientes camas para recibir a los moribundos en las emergencias de los hospitales públicos?

Se especuló que era una banda criminal practicante de santería. Se sabe de ritos morbosos para comunicarse con las almas que implican animales vivos, sangre, alcohol, arrebatos, trances y arrepentimientos. En el Cementerio General del Sur, hay una zona de tumbas olvidadas que sirven de almacén para alimentar los ritos de los paleros y los santeros. Se pensó que la pezuña podría ocupar un lugar en un ritual oscuro.

También se habló de zoocosis.

Fue la primera vez que escuché el término. Se trata de una enfermedad nerviosa descrita en animales que sufren cautiverio. La palabra me produjo un estremecimiento. Los primeros síntomas implican correr de un lado al otro en la jaula sin propósito, aullar, rugir o cantar con tonos de lamento. Se describe también la acelerada caída del pelo. En algunos casos graves se ha descrito la auto-mutilación. Los animales comienzan a morder sus propios cuerpos, agredir sus miembros.

Nadie advirtió la importancia del cunaguaro mutilado. El horror quedó camuflado por la desidia.

Nadie advirtió la importancia del síndrome de fiera que poco a poco se ha ido extendiendo.

¿Cómo curar esta locura animal que nos aflige?

Protesi

I.
Ravel compose
il concerto per la mano sinistra
per Paul Wittgenstein
che aveva perso la destra
in un assalto in Polonia
per uno sparo al gomito
durante
la Prima Guerra Mondiale

fratello maggiore del filosofo
che ci zittì tutti quanti

e il biliardino
lo inventò Alejandro Finisterre
in un ospedale de La Coruña
perché ci giocassero
i bambini che avevano perso le gambe
durante la guerra civile

quanto a me, mi amputarono
in Piazza Altamira
di quasi tutti i miei amici
e della capacità di sognare

questi versi
sono un tentativo di protesi
con la mano sinistra

Prótesis

I.
Ravel compuso
el concierto para mano izquierda
a Paul Wittgenstein
quien perdió la derecha
en un asalto a Polonia
por un tiro en el codo
durante
la Primera Guerra Mundial

hermano mayor del filósofo
que nos mandó a callar

y el futbolín
lo creó Alejandro Finisterre
en un hospital de la Coruña
para que jugaran
los niños que perdieron sus piernas
durante la guerra civil

a mí me amputaron
en Plaza Altamira
casi todos mis amigos
y la capacidad para soñar

estos versos
son un intento de prótesis
con la mano izquierda

II.
nel 1812
Juan José Castelli
oratore dell'indipendenza argentina
tradito dai suoi compatrioti
durante il processo
avendo perso la lingua
per un cancro
chiese un foglio
per scarabocchiare

se vedete il futuro – scrisse
prima dell'esecuzione –
ditegli che non venga

II.

en 1812
Juan José Castelli
orador de la independencia argentina
traicionado por sus compatriotas
durante el juicio
habiendo perdido su lengua
por cáncer
pidió una hoja
para garabatear

si ven el futuro —escribió
antes de ser ejecutado—
díganle que no venga

Zugunruhe[3]

Un'irrequietezza migratoria, una cosa che viene da dentro, che gli dice che devono andarsene.
Lo seppe mentre viveva a Caracas, nel 2017.
Alcune volte, se li rinchiudono, la sviluppano.
È accompagnata da cambi di frequenza del sogno. Si sogna di più o si sogna di meno, ma ormai niente è più lo stesso. L'anima si riempie di ansia e fantastica di poter volare.
Succede soprattutto ai passeri dal capo bianco.
Come Maria.
Lei era appena cosciente della sua dipendenza dalle finestre, dai cornicioni, dai bordi, dalle sommità.
Non capiva del tutto perché le piacesse tanto il suo vestito di piume.
Si può indurre artificialmente, allungando in modo intenzionale le giornate.
Si è riscontrata anche in alcune specie stanziali. Possono soffrire di Zugunruhe a bassa intensità. Allora escono confusi da una stanza e vanno in cucina senza sapere bene che cosa stiano cercando. Aprono il frigorifero, si sentono girare la testa.

"Una gabbia uscì in cerca di un uccello".
Il 2 agosto 1914 Franz Kafka scrisse nel suo diario: "La Germania ha dichiarato guerra alla Russia. Pomeriggio: lezione di nuoto".
Kafka, che sapeva di animali che si trasformavano in persone, che sapeva di gabbie discrete.
La Germania ha dichiarato guerra alla Russia. Nel pomeriggio ho lezione di nuoto.
La Germania ha dichiarato guerra alla Russia.
Andiamo avanti.
A Maria piacque la temperatura della spiaggia a Todasana. Le

---

3   La *Zugunruhe* (dal tedesco *Zug*, movimento, e *Unruhe*, irrequietezza) è un comportamento riscontrato dagli etologi negli uccelli migratori ai quali viene impedito di spostarsi (NdT).

22

Zugunruhe

Una inquietud migratoria, algo que surge de adentro, que les
dice que se tienen que ir.
Lo supo viviendo en Caracas, el 2017.
Algunas aves, si las encierran, lo desarrollan.
Viene con cambios en los patrones del sueño. Se sueña más o se
sueña menos, pero ya nada es igual. El alma se llena de ansiedad
y fantasea con volar.
Sobre todo le sucede a los gorriones de coronilla blanca.
Como María.
Ella apenas era consciente de su afición a las ventanas, a las
cornisas, a los bordes, a las alturas.
No entendió del todo por qué le encantaba tanto
su vestido de plumas.
Se puede inducir artificialmente,
alargando de manera intencional los días.
También se ha encontrado en algunas especies residentes.
Pueden sufrir de zugunruhe a bajo nivel. Entonces salen
azorados de la sala y van a la cocina sin saber bien qué están
buscando. Abren la nevera, se sienten revolotear.

"Una jaula salió en busca de un pájaro".
El 2 de agosto de 1914, Franz Kafka escribió en su diario:
"Alemania ha declarado la guerra a Rusia. En la tarde, escuela
de natación".
Kafka, que sabía de animales que se convertían en personas,
que sabía de jaulas discretas.
Alemania le ha declarado la guerra a Rusia. En la tarde tengo
clases de natación.
Alemania le ha declarado la guerra a Rusia.
Sigamos.

ricordava soprattutto un bacio che l'aveva ingoiata. Avvertivano sempre di fare attenzione alle correnti in quella spiaggia, dove c'erano mulinelli che ti potevano trascinare fino al fondo del mare.

Quella sera sotto una palma seppe che era vero e sentì che la sua epoca di uccello migratore, di vacca pericolosa, era giunta alla fine.

Si installò in una vita piena di rischi più quotidiani, dalle parti del Viale Victoria.

Fino al 2017.

Un militare aveva decretato che la felicità fosse obbligatoria.

Perciò viveva obbligatoriamente felice.

E non scendeva quasi più verso la spiaggia, anche se quando era sul fondo del mare sentiva un languore.

Ma una sera d'agosto del 2017 mise un disco di musica gitana e sentì il desiderio di mettersi il suo vecchio vestito di piume color granata.

Passeggiò elettrica, nonostante le interruzioni di elettricità nella città, in trance, nel suo salotto.

Senza saperlo soffriva di Zugunruhe.

Pensò allo psichiatra che le aveva prescritto il Tafil tempo addietro.

Sarebbe stato meglio andare dall'ornitologo.

La Germania ha dichiarato guerra alla Russia. Nel pomeriggio ho lezione di nuoto.

Decise di scendere in spiaggia. Prese un taxi con i suoi due figli e andò a trascorrere un po' di tempo a Todasana.

Apparentemente è una questione ormonale, cerebrale, biologica.

Stetson ed Ericsson castrarono i passeri per dimostrare che la Zugunruhe era relazionata con le gonadi. Gli uccellini ingrassavano e diventavano casalinghi.

Maria era d'accordo.

Andò a Maiquietía[4], posto di aeroporti, che un poeta suicida aveva definito la città più bella del Venezuela.

E non tornò.

---

[4]   Maiquietía, località dello stato Vargas sulla costa, trenta chilometri a nord di Caracas, non ospita soltanto l'aeroporto internazionale della capitale, ma anche le spiagge caraibiche più vicine alla città, tra cui quella di Todasana (NdT).

María amó la temperatura de la playa en Todasana. Sobre todo le hacía recordar un beso, que la tragó. Siempre advertían que había que tener cuidado con la marea en esa playa, que tenía remolinos que te podían arrastrar hasta el fondo del mar. Esa tarde bajo una palmera supo que era cierto y sintió que su época de ave migratoria, de vaca peligrosa, había llegado a su fin. Se instaló en una vida llena de riesgos más cotidianos, cerca de la Avenida Victoria.

Hasta 2017.

Un militar había decretado obligatoria la felicidad.

Así que vivía obligadamente feliz.

Ya casi no bajaba a la playa, aunque se sentía en el fondo del mar.

Pero una tarde de agosto de 2017 puso un disco de música gitana y le provocó ponerse su viejo vestido de plumas vinotinto. Se paseó eléctrica, a pesar de las fallas eléctricas de la ciudad, en trance, por su sala de estar.

Sufría sin saber de zugunruhe.

Pensó ir al psiquiatra que le había recetado Tafil tiempo atrás.

Mejor hubiese ido al ornitólogo.

Alemania le ha declarado la guerra a Rusia. En la tarde tengo clases de natación.

Decidió bajar a la playa. Agarró un taxi con sus dos hijos y se fue a pasar un rato a Todasana.

Aparentemente es un tema hormonal, cerebral, biológico.

Stetson y Ericsson castraron a los gorriones para demostrar que el zugunruhe estaba relacionado con las gónadas. Los pajaritos se volvían gordos y caseros.

María, estaba de acuerdo.

Se fue a Maiquetía, lugar de aeropuertos, que una poeta suicida declaró la ciudad más hermosa de Venezuela.

Y no regresó.

40 notti di pioggia

c'è un coccodrillo nella vasca
non so se ci starà dentro
insieme alle due o tre camicie
e a una scatola nera

l'inondazione è arrivata alle caviglie
nella sala da pranzo

le api vanno di certo
le pulci
gli acari
tutti i parassiti
e una salamandra nubile

in Piazza Altamira
hanno annunciato
con gas lacrimogeni
e bambini colpiti dalla Guardia
l'inizio del diluvio

la maggior parte degli animali
che abbiamo accumulato per tanto tempo
dovettero restare
il giaguaro dell'apribottiglie
l'elefante sulla scatola dei cereali
un amico poeta
e i miei ricordi
    questo zoo di specchi

i miei amici
non viaggiano tutti in coppia
calze naufraghe

40 noches de lluvia

hay un cocodrilo en la bañera
que no sé si cabrá
junto a las dos o tres camisas
y una caja negra

la inundación llegó a los tobillos
en la sala comedor

las abejas van seguro
las pulgas
los ácaros
todas las alimañas
y una salamandra soltera

en Plaza Altamira
estuvieron anunciando
con bombas lacrimógenas
y niños golpeados por la Guardia
el comienzo del diluvio

la mayoría de los animales
que acumulamos tanto tiempo
tuvieron que quedarse
el jaguar del sacacorchos
el elefante en la caja de cereal
un amigo poeta
y mis recuerdos
            ese zoológico de espejos

mis amigos
no viajan todos en pareja
medias náufragas

perse nell'asciugatrice
del destino

tu per fortuna
sei partita con me
per perpetuare la specie
bizzarra
     sconcertata
         errabonda

penso a Noè
così organizzato
con tanti documenti bollati
ogni chiodo al posto suo
guardo dai finestrini
del Laser 747
e non so
se 40 giorni e 40 notti di pioggia
saranno sufficienti

perdidas en la secadora
del destino

tú por suerte
viniste conmigo
para perpetuar la especie
bizarra
      desconcertada
            errabunda

pienso en Noé
tan organizado
tan documentos apostillados
cada clavo en su lugar
veo por las ventanas
del Laser 747
y no sé
si 40 días y 40 noches de lluvia
serán suficientes

Caracas

qui
siamo pezzi di carne
che trasportano futuro
un uomo si copre il volto
con un passamontagna
nel mezzo di una poesia

Caracas
è un utero
pieno di cavi, feci, progetti di legge
scoramenti
violenze

è bella la città
chiuso in una stanza senza finestre
insieme a te
solo qui è verità
il Viale Victoria
le strade del Paraíso
e le Torri del Silenzio

vado a Piazza Altamira[5]
a raccogliere ovuli
a mezzanotte

---

[5] Il Viale Victoria è una lunga arteria al centro di Caracas, un tempo elegante, oggi in decadenza. El Paraíso è un quartiere popolare non distante dal viale. Le Torri del Silenzio sono due grattacieli gemelli eretti negli anni Cinquanta, adibiti a uffici pubblici, simbolo della ricchezza e del progresso del Venezuela dell'epoca, ma anch'essi oggi in degrado. Piazza Altamira si trova nella zona est della capitale, a Chacao, in quello che un tempo era il municipio più ricco del Sudamerica. Nella piazza si sono concentrate tutte le manifestazioni antigovernative degli ultimi anni. Nei pressi c'è anche il Viale San Giovanni Bosco (NdT).

Caracas

aquí
somos pedazos de carne
transportando futuro
un hombre se cubre el rostro
con un pasamontañas
en medio de un poema

Caracas
es un útero
lleno de cables, heces, proyectos de ley
desalientos
arrebatos

es hermosa la ciudad
encerrado en una habitación sin ventanas
junto a ti
solo aquí es verdad
la Avenida Victoria
las calles del Paraíso
y las Torres del Silencio

voy a la Plaza Altamira
a recoger óvulos
a medianoche
tropecé con un hueco
en la carretera de tu cuerpo
y caí accidentado

las alcantarillas de la San Juan Bosco
vomitan sus bellezas
a ritmo de avenida
veo tus caderas bailar

sono inciampato in una buca
sull'autostrada del tuo corpo
e mi sono infortunato

le fognature del San Giovanni Bosco
vomitano le loro bellezze
al ritmo del viale
vedo i tuoi fianchi ballare
e comprendo
perché siamo
la città più pericolosa del mondo

y comprendo
por qué somos
la ciudad más peligrosa del mundo

Le bontà dell'oblio o la bellezza che non dà da mangiare

Mao Zedong, privo di temi epici per la rivoluzione, dichiarò guerra alle quattro infestazioni: i ratti, le mosche, le zanzare e i passeri.
I passeri divennero l'ultimo nemico politico a scomparire.
Si spiegò alla popolazione che mangiavano i loro raccolti, le loro granaglie, il loro futuro. Che se avessero aiutato la Cina a distruggere i passeri avrebbero dato più forza al Grande Balzo. Che se li avessero uccisi tutti avrebbero risparmiato grano per alimentare i loro piccoli, che erano così in difficoltà.
Milioni di cinesi uscirono obbedienti per andare a uccidere.
Ad avvelenare, a distruggere nidi.
Si disse loro di uscire tutti insieme a percuotere piatti e pentole, che i passeri sarebbero caduti dal cielo, sfiancati dalla cacofonia, ammalati da tanta bruttezza.
C'è una foto con milioni di cinesi in un campo aperto che colpiscono freneticamente le pentole vuote davanti a una pioggia di passeri moribondi che cadono ovunque.

Venne fuori che i passeri non mangiavano tanto il grano quanto gli insetti, e gli insetti, grati a Mao, si riprodussero come mai prima e si mangiarono i raccolti che dovevano servire al grande balzo in avanti, che dovevano servire ai piccoli che erano così in difficoltà.

Stettero tre anni a far chiasso e a raccogliere i cadaveri dei piccoli uccellini, affamati di armonia.
Come una mia fidanzata di tanti anni fa, che sembrava un cadavere quando finiva la musica.
E la raccoglievo dal suolo
come un passero
che non fa male a nessuno
ne Il buio oltre la siepe⁶ Gregory Peck dice a Jem

---

6   Il gioco di parole perde forza in italiano, per via del titolo del romanzo di

Las bondades del olvido o la belleza que no da de comer

Mao Zedong carente de motivos épicos para la revolución le declaró la guerra a las cuatro plagas: los ratones, las moscas, los mosquitos y los gorriones.

Los gorriones pasaron a ser el enemigo político a desaparecer. Se le explicó a la población que se comían sus cosechas, sus granos, su futuro. Que si ayudaban a China a destruir a los gorriones agarrarían más impulso para el Gran Salto. Que si mataban a todos ahorrarían granos para alimentar a los pequeños que tanto trabajo estaban pasando.

Millones de chinos salieron obedientes a matar.

A envenenar, a destruir nidos.

Se les dijo que salieran todos juntos a golpear potes y platos, que los gorriones caerían del cielo, agotados por la cacofonía, enfermos por tanta fealdad.

Hay una foto de millones de chinos en un campo abierto golpeando frenéticamente sus potes vacíos ante una lluvia de gorriones moribundos que caen por doquier.

Resultó que los gorriones no comían tantos granos como insectos, y los insectos agradecidos con Mao se reprodujeron como nunca antes y se comieron las cosechas que eran para el gran salto adelante, que eran para los pequeños que seguían pasando trabajo.

Tres años estuvieron dándole al estruendo y recogiendo los cadáveres de los pequeños pajaritos, hambrientos de armonía.

Como una novia que tuve hace años, que parecía un cadáver
cuando acababa la música
y la recogía del suelo
como un gorrión
que no le hace daño a nadie
en Matar un Ruiseñor Gregory Peck le dice a Jem
que a nadie se le ocurriría matar a pajaritos inofensivos

che a nessuno verrebbe in mente di uccidere uccellini inoffensivi
Juan Gelman, molto arrabbiato con Gregory Peck e con tutti i gringo
dell'Alabama, scrisse che

quando ti conobbi / il mio cuore aveva più fame di un pidocchio da
parrucca /
i pidocchi da parrucca sono così /
capaci di morire di fame nel mezzo della bellezza che
non dà loro da mangiare /

Un giorno Mao, circondato di pidocchi da parrucca e cadaveri
di passeri
si stancò di tanti spropositi e sentenziò
"dimenticatevene"

Harper Lee (1960) e del film di Robert Mulligan (1962), reso appunto con *Il buio oltre la siepe*, resta più chiaro invece nell'originale, *To Kill a Mockinbird*, e nella versione spagnola, *Matar un ruiseñor*, letteralmente, in entrambe le lingue, *Uccidere un usignolo* (NdT).

Juan Gelman, tan molesto con Gregory Peck y todos los gringos
de Alabama escribió que

cuando te conocí/ mi corazón tenía más hambre que piojo de
peluca/
los piojos de peluca son así/
capaces de morirse de hambre en la mitad de la belleza que
no les da de comer/

Un día Mao, rodeado de piojos de peluca y cadáveres de gorrión
se cansó de tanto despropósito y sentenció
como si nada
"olvídenlos"

Vacca pericolosa III

si chiamava Ubre Blanca[7]
e Fidel si innamorò di lei
entrò nel Guinness Book of World Records
per il latte
una vacca prodigiosa
rinchiusa in un'isola

Nella prima versione del mito, Minosse chiese a Poseidone di inviargli un toro come un prodigio per dimostrare il suo potere e così essere unto come Re dell'isola. Nella seconda, gli promise di uccidere il primo animale che sarebbe uscito dal mare come sacrificio per una benedizione ricevuta.
In alcune versioni l'animale cambiava di colore tre volte al giorno, dal bianco al nero, al rosso.
Certo è che Minosse non sacrificò il toro, ma lo tenne per sé come simbolo di potere.
Era così bello che sua moglie, Pasifae, si innamorò perdutamente della bestia.
In segreto chiese a Dedalo di costruirle un travestimento di legno.
Simulando di essere una vacca ingannò l'animale per copulare con lui.
Generò così il Minotauro.

se mescoli una vacca nera con una vacca marrone, esce una vacca rossa
spiegava Fidel
se mescoli una Holstein con un Zebù
e le esponi la testa all'aria condizionata
le stimoli la pituitaria
e darà latte proletario
la rivoluzione avviene nell'ipotalamo

---

7   Letteralmente Mammella Bianca (NdT).

Vaca peligrosa III

se llamaba Ubre Blanca
y Fidel se enamoró de ella
rompió el Guinness Book of World Records
de leche
una vaca prodigiosa
encerrada en una isla

En la primera versión del mito, Minos le pidió a Poseidón que
le enviara un toro como muestra de su poder y así ungirse
como Rey de la isla. En la segunda, le prometió matar al
primer animal que saliera del mar como sacrificio por una
bendición recibida.
En algunas versiones el animal cambiaba de color tres veces al
día, de blanco al negro, al rojo.
Lo cierto es que Minos no sacrificó al toro, sino que ebrio de
vanidad decidió desafiar al dios y quedárselo.
Tan hermoso era que su esposa, Pasífae, se enamoró
perdidamente de la bestia. Secretamente, le pidió a Dédalo,
ingeniero, arquitecto y artesano oficial, que le construyera un
disfraz de madera. Simulando ser vaca confundió al animal
para copular con él.
Engendrando así al Minotauro.

si mezclas una vaca negra con una vaca marrón, sale una vaca
roja
explicaba Fidel
si mezclas una Holstein con un Cebú
y le metes la cabeza en aire condicionado
le estimulas la pituitaria
y dará leche proletaria
la revolución ocurre en el hipotálamo

*Il poeta Pau-Llosa descrive Fidel che penetra la vacca con un guanto
bianco
il suo volto annuncia l'istante in cui apre il pugno dentro di lei*

*Dedalo dovette costruire un labirinto per nascondere il mostro che
aveva aiutato a generare. Poi lo rinchiusero lì insieme a suo figlio
e al Minotauro.*

*Erano uomini colti, come fecero a non vedere
quel che sarebbe venuto? Com'è possibile che non seppero salvare Ubre Blanca
dai discorsi interminabili, dalle telecamere, dal pugno[8]?*

*Nella sua interpretazione, Borges suggerisce che il Minotauro si nascon-
desse nel labirinto per proteggersi. La sua isola era un rifugio per non
confondersi con il volgo.*
La tragica vita del mostro era solitaria, quella di un incompreso.
so che mi accusano di superbia, di follia, perfino di misantropia
Il suo unico passatempo era vedere i giovani morire attorno a lui.
*Quando Teseo venne per ucciderlo, il Minotauro, stanco del suo potere
assurdo, non oppose resistenza.*

*si rumoreggia che Ubre Blanca
si suicidò poco prima
che il muro del labirinto
cadesse laggiù
sui due lati di Berlino*

---

8   Ricardo Pau-Llosa, "Allevamento" (NdA).

El poeta Pau-Ullosa describe a Fidel penetrando a la vaca con
un guante blanco
su rostro anuncia el instante en que abre su puño dentro de ella

Dédalo tuvo que construir un laberinto para esconder al mons-
truo que ayudó a engendrar. Luego lo encerraron a él, con su hijo
y el Minotauro.

Eran hombres educados ¿cómo no supieron ver
lo que vendría? ¿Cómo no supieron salvar a Ubre Blanca
de los discursos interminables, las cámaras, el puño[1]?

En su interpretación, Borges propone que el Minotauro se
escondía en el laberinto para protegerse. Su isla era un refugio
para no confundirse con el vulgo. La trágica vida del monstruo
era solitaria, la de un incomprendido.
sé que me acusan de soberbia, de locura, hasta de misantropía
Su único pasatiempo era ver a los jóvenes morir a su alrededor.
Cuando Teseo fue a matarlo, el Minotauro, cansado de su poder
absurdo, no opuso resistencia.

se rumora que Ubre Blanca
se suicidó poco antes
de que un muro del laberinto
se derrumbara por allá
por los lados de Berlín

---

[1]   Rodrigo Pau-Ullosa, "Ganaderías"

Hellen Keller

> *Non c'è nessun re che non abbia avuto un antenato schiavo,*
> *e nessuno schiavo che non abbia avuto un re tra i suoi.*
>
> HELLEN KELLER

1.

Nacque con i sensi intatti, ma a diciannove mesi contrasse quella che sembrava essere una meningite. Rimase cieca e sorda.
Quando Hellen Keller ebbe sei anni, la madre le lesse un racconto di Dickens sull'educazione di una donna cieca e sorda. La lettura la ispirò a iniziare una ricerca che la portò fino al leggendario Alexander Graham Bell.
Questi ebbe una madre sorda e scelse una donna sorda quale sposa. Innamorato di sua madre imparò a parlarle direttamente, appoggiando la bocca alla sua fronte perché lei lo comprendesse. Si racconta che imparò anche a fare trucchi con la voce come un ventriloquo, con i quali animava gli incontri in famiglia. Rimase affascinato dalla poesia, dal piano e dall'acustica. La sua curiosità ruotò attorno ai misteri del suono, cosa che lo condusse all'invenzione del telefono. Considerò quell'apparato un'invenzione minore, volgare, in confronto alle sue ricerche sulla fisica del suono.
Graham Bell convinse la madre di Hellen a insistere.

2.

A Laura Wefer e Luz Mely Reyes

Se i sensi sono una finestra sul mondo, vivere in una dittatura è simile a soffrire di un'invalidità. Tra Hellen Keller e un venezuelano del 2017 forse non c'è molta differenza.
Lei racconta che la sua maestra, bella, infaticabile, le porgeva oggetti e le scriveva i loro nomi sulla schiena, cercando di comunicare con lei. Senza risultato. Finché un giorno le versò una brocca d'acqua sulla

Hellen Keller

No hay ningún rey que no haya tenido algún esclavo de ancestro,
ni ningún esclavo que no haya tenido algún rey entre los suyos.

HELLEN KELLER

1.

Nació con los sentidos intactos, pero a los diecinueve meses contrajo lo que parecería ser meningitis. Quedó ciega y sorda. A los seis años de Hellen Keller, su madre le leyó un cuento de Dickens sobre la formación de una mujer ciega y sorda. La lectura le inspiró a iniciar una búsqueda que le condujo al legendario Alexander Graham Bell.

Él tuvo una madre sorda y escogió una mujer sorda como esposa. Enamorado de su madre aprendió a hablarle directamente, apoyando la boca en su frente para que ella le entendiera. Cuentan que también aprendió a hacer trucos con su voz como un ventrílocuo con que animaba las reuniones familiares. Se fascinó con la poesía, el piano y la acústica. Su curiosidad giró alrededor de los misterios del sonido, lo que condujo a la invención del teléfono. Consideró a ese aparato como una invención menor, vulgar, en comparación con sus indagaciones sobre la física del sonido.

Graham Bell le enseñó a la madre de Hellen a insistir.

2.

A Laura Wefer, Luz Mely Reyes y César Batiz

Si los sentidos son una ventana al mundo, vivir en una dictadura es análogo a sufrir de una discapacidad. Entre Hellen Keller y un venezolano del 2017 quizás no haya tanta diferencia.

Ella cuenta que su maestra, hermosa, infatigable, le presentaba objetos y le escribía su nombre en la espalda intentando

mano sinistra e scrisse acqua sulla destra. All'improvviso il linguaggio si fece trasparente. La sua vita si trasformò.

È in questo che consiste la libertà di espressione. Un mucchio di formiche che scrive con insistenza sulla nostra schiena senza che ne riusciamo a decifrare l'importanza. Abbiamo bisogno di testi che versino acqua sulla sorda esistenza, bagnando in modo insistente queste sere cieche di azzurro Ávila[9] e verde olivo. Abbiamo bisogno di Graham Bell che tocca con le dita insistenti il palmo della mano della madre in un linguaggio privato che costruì un ponte che tutti abbiamo potuto attraversare.

---

9   L' Ávila è la bellissima montagna che sovrasta Caracas, ricoperta di verdi foreste e ritagliata quasi sempre su un cielo azzurro (NdT).

comunicarse. Sin éxito. Hasta que un día le vertió una jarra de agua en la mano izquierda y escribió agua en la derecha. De pronto el lenguaje se le hizo transparente. Su vida se transformó.

De eso se trata la libertad de expresión. Una cantidad de hormigas escribiendo con insistencia en nuestra espalda sin que logremos descifrar su importancia. Necesitamos de aquellos textos que derramen agua sobre la sorda existencia, empapando de manera insistente estas tardes ciegas de azul avileño y verde oliva. Necesitamos a Graham Bell tocando con sus dedos insistentes la palma de la mano de su madre en un lenguaje privado que construyó un puente por donde luego todos pudimos cruzar.

Pagina in bianco

Alexander Graham Bell si chinava sulla fronte della madre
e le parlava al cranio
come fissandosi al suolo
per cercare di parlare al pianeta

Sua madre era sorda
come il pianeta

La maestra di Hellen Keller
disegnava le lettere sulla sua schiena
come due bambini che disegnano cuoricini
nel cemento fresco

Non esiste un gesto più bello
che disegnare lettere sulla tua pelle
questa pagina in bianco
questa enciclopedia
questo marciapiedi

Scrivo romanzi cavallereschi
sulle sabbie mobili della tua schiena
su questo pianeta sordo
che non si ferma
che ha tanto bisogno di noi

Página en blanco

Alexander Graham Bell se inclinaba sobre la frente de su madre
y le hablaba al cráneo
como hincándose en el piso
para tratar de hablarle al planeta

Su madre era sorda
como el planeta

La maestra de Hellen Keller
dibujaba las letras en su espalda
como dos niños dibujando corazones
en el cemento fresco

No hay gesto más hermoso
que dibujar letras en tu piel
esa página en blanco
esa enciclopedia
esa acera

Escribo novelas de caballería
en la arena movediza de tu espalda
sobre este planeta sordo
que no se detiene
que tanto nos necesita

L'artista che finse di essere artista

Il profilo di una donna seduta davanti a una macchina da cucire appare incompiuto sulla tela appesa nel mezzo della sua stanza. È rimasto così per decenni. Ogni tanto gli dà una pennellata, ma è un quadro che rifiuta di farsi dipingere.

Domingo Malagón avrebbe voluto essere un pittore. Per questo aveva studiato da giovane nell'Accademia di Belle Arti. Sognò in quel tempo di diventare un artista famoso. Come ogni principiante cominciò imitando i maestri. Una copia sorprendente de I disastri della guerra di Goya fu forse il presagio di quello che sarebbe venuto in seguito.

La Guerra Civile, un campo di concentramento sui Pirenei e una notte in fuga a Perpignan spezzarono la sua vita in due. Le fantasie di fama mutarono in desiderio di passare inavvertito. Attraversò frontiere sentendosi alleviato di non essere importante per nessuno. Il suo anonimato gli salvò la vita.

Ma lo spirito copista sopravvisse. Installatosi in Francia gli chiesero di imitare i passaporti per tirar fuori dalla Spagna i suoi compagni comunisti. Divenne il falsario più richiesto della storia spagnola. Falsificò passaporti e carte di identità per i suoi amici contro il franchismo.

Il volto incompiuto sulla tela nel mezzo della stanza era un pretesto nel caso in cui avessero perquisito la sua casa. Per spiegare il materiale da pittura che accumulava nella dispensa. Lo sguardo incompiuto sulla tela proteggeva il santo uffizio del plagio.

Quando, caduta la dittatura, la sua storia fu resa pubblica, gli esperti in plagio lo accolsero come un eroe. Gli chiesero dove avesse preso le stampe e i timbri così sorprendentemente simili agli originali. Spiegò che aveva fatto tutto con la punta di uno spillo e con una lente di ingrandimento. Perfino le lettere a macchina da scrivere erano state dipinte, perfino le tracce di bagnato e gli ologrammi. Ci metteva settimane a dipingere ogni pagina di passaporto.

Le bocche si spalancarono per la sorpresa, gli sguardi tornarono a fissarsi sui documenti falsificati per esaminare di nuovo i dipinti che

El artista que fingió ser artista

El perfil de una mujer sentada frente a una máquina de coser aparece inacabado en el lienzo que cuelga en medio de su sala. Ha estado así durante décadas. De vez en cuando da una pincelada, pero es un cuadro que se rehúsa a ser pintado. Domingo Malagón hubiese querido ser pintor. Para eso estudió de joven en la Academia de Bellas Artes. Soñó en esos tiempos con ser reconocido como artista. Como todo aspirante comenzó imitando a los maestros. Una copia sorprendente de Los Desastres de la Guerra de Goya, quizás fue presagio de lo que vendría luego.

La Guerra Civil, un campo de concentración en los Pirineos y una noche huyendo por Perpiñán, fracturaron su vida en dos. La fantasía de la fama mutó al deseo de pasar desapercibido. Atravesó fronteras aliviado de no ser importante para nadie, su anonimato salvó su vida.

Pero el espíritu copista sobrevivió. Instalado en Francia le pidieron imitar los pasaportes para sacar a sus compañeros comunistas de España. Se convirtió en el plagiario más querido de la historia española. Falsificó pasaportes y carnets de identidad para sus amigos, contra del franquismo.

El rostro sin terminar en el lienzo en medio de la sala era un señuelo por si allanaban su casa. Para explicar los materiales de pintura que acumulaba en la despensa. La mirada inacabada del lienzo protegía al santo oficio del plagio.

Cuando caída la dictadura, se hizo pública su historia, los expertos en plagio lo recibieron como un héroe. Le preguntaron de dónde sacó las imprentas y los sellos tan asombrosamente parecidos a los originales. Explicó que todo lo había hecho con la punta de un alfiler y una lupa. Hasta las letras mecanografiadas fueron pintadas, hasta las marcas de agua y los hologramas. Tardaba semanas pintando cada hoja de pasaporte.

fingevano di non essere tali. Pieni di ammirazione gli chiesero se non era dispiaciuto di aver perso l'occasione di essere un grande pittore.

Al che rispose:

"Guardate come sono andate le cose. Alla fine non so se sono riuscito a essere un artista, ma so di certo che il successo del mio lavoro veniva dato, al di là di qualsiasi considerazione tecnica, dal risultato della maggior discrezione possibile".

Cayeron las mandíbulas del asombro, las miradas regresaron a los documentos falsificados para examinar de nuevo las pinturas que pretendían no serlo. En admiración le preguntaron si no lamentaba haber perdido la oportunidad de ser un gran pintor.

A lo que contestó:

"Mirad cómo han salido las cosas. Al final no sé si he logrado ser artista, pero sí sé, desde luego, que el éxito de mi actividad venía dado, al margen de otras consideraciones técnicas, por el logro de la mayor discreción posible".

Theophrastus Aureolus Bombastus von Hohenheim

Gli alchimisti popolarono il Medio Evo, clandestini, mescolando elementi; ossessionati dalla chimerica ricerca della pietra filosofale. La purezza fatta materia. Theophrastus Aureolus Bombastus von Hohenheim Paracelsus nacque in Svizzera ma si preparò come medico in Italia. Fece parte dell'esercito veneziano e girò il mondo, secondo le sue stesse parole "imparando dai macellai, dai barbieri e dai mendicanti". Convinto dell'origine chimica delle malattie, esplorò in particolare il mercurio quale cura della sifilide che faceva strage nel Medio Evo. Nel mercurio trovò una sostanza maligna e sorprendentemente bella, tossica, capace di riflettere quello che gli era attorno. Argento liquido, lo chiamavano: rotondo e scivoloso. Con quella sostanza cercò di spiegare e di curare la malattia, mentre contemplava allucinato la propria immagine rimpicciolita e riflessa nelle sue bollicine. Nel mercurio Paracelso, spesso costretto a nascondersi dall'Inquisizione, credette di avvicinarsi a Dio. Tanta perfezione e tanto mistero non potevano essere terreni.

Come alchimisti, i poeti lavorano alla cieca, nascosti allo sguardo normativo, mescolando parole, sognando di afferrare la bellezza, di incontrare una melodia così perfetta da assomigliare a Dio.

Gli alchimisti non incontrarono mai la purezza. Sotto il fuoco, le loro pozioni fallirono fino all'estenuazione.
Ma cammin facendo, con un miscuglio di calce, sodio, potassio e ceneri grigie di quercia, fabbricarono per caso lo specchio piano. Trasformarono l'umanità inventando un oggetto nel quale questa contempla se stessa. Il loro fallimento produsse un insperato strumento di trasformazione.

Juan Sebastian Bach si isolò alla fine della sua vita cercando di comporre "musica pura", che non fosse semplice melodia, una musica "oltre gli strumenti". Cercava l'assoluto musicale, cercava Dio. La sua opera è un meraviglioso fallimento.

Theophrastus Aureolus Bombastus von Hohenheim

Los alquimistas poblaron la Edad Media, clandestinos, mezclando elementos, obsesionados con la quimérica busca de la piedra filosofal. La pureza hecha materia. Theophrastus Aureolus Bombastus von Hohenheim Paracelsus nació en Suiza pero se formó como médico en Italia. Participó en el ejército veneciano y recorrió el mundo, según sus propias palabras "aprendiendo de los carniceros, los barberos y los pordioseros". Convencido del origen químico de las enfermedades, exploró el mercurio para curar la sífilis que hacía estragos en la Edad Media. En el mercurio halló una sustancia maléfica y sorprendente, bella, tóxica, capaz de reflejar su alrededor. Plata líquida le llamaban; redonda y escurridiza. Con ella intentó explicar y curar la enfermedad, mientras contemplaba alucinado su imagen diminuta reflejada en sus burbujas. En el mercurio Paracelsus, muchas veces escondido de la Inquisición, creyó acercarse a Dios. Tanta perfección y misterio no podía ser terrenal.

Como alquimistas, los poetas laboran a oscuras, escondidos de la mirada normativa, mezclando palabras, soñando con atrapar la belleza, dar con una melodía tan perfecta que se parezca a Dios.

Los alquimistas no dieron nunca con la pureza. Bajo el fuego, sus pociones fracasaron hasta el cansancio.

Pero en el camino, con una mezcla de cal, sodio, potasio y cenizas grises de roble, fabricaron por casualidad el espejo plano. Transformaron la humanidad inventando un objeto en el que ésta se contempla a sí misma. Su fracaso produjo un inesperado instrumento de transformación.

Johann Sebastian Bach se aisló al final de su vida buscando componer "música pura", aquella que no fuese simple melodía,

Orde di poeti solitari, appartati dallo sguardo normativo, cercano la loro pietra filosofale.

I migliori o i più fortunati, chi lo sa, troveranno forse uno specchio.

una música "más allá de los instrumentos". Buscaba al absoluto musical, buscaba a Dios. Su obra es un hermoso fracaso.

Hordas de poetas solitarios, apartados, buscan su piedra filosofal.

Los mejores o más afortunados, quién sabe, hallarán uno que otro espejo.

Zoo di specchi

A un chilometro circa da Venezia, nell'isola di Murano, si rifugiarono La Motta, Berlogini e i Del Gallo, artigiani esperti nella fabbricazione di specchi. Gli alchimisti non trovarono mai la pietra filosofale, ma con sodio, potassio e ceneri di felci ottennero un vetro talmente cristallino che l'occhio umano poté cominciare a contemplarvi dentro se stesso. Inventarono l'oggetto per eccellenza della Modernità, al punto che ci costa immaginare la vita senza poterci vedere allo specchio. La loro invenzione fece di Venezia una città ricca per più di due secoli. Era la Silicon Valley dell'epoca.

Gli artigiani erano trattati come membri della famiglia reale, le mogli dei nobili si offrivano alle loro mani callose e bruciate, pur di assicurare la loro permanenza in quelle terre. Il loro mestiere era così prestigioso e ambito che erano invitati e obbligati a rimanere lì per sempre. Si proibiva loro di uscire. Fino ai confini dell'isola gli porgevano su un piatto d'argento ogni cosa che desiderassero, salvo andar via di lì. Una volta scelti, con il privilegio di essere artigiani di Murano, dovevano vivere reclusi per il resto dei loro giorni, e così i loro figli e nipoti. Dal primo istante gli specchi ebbero questa qualità di premiare e intrappolare.

Trasformarono la sensibilità umana più di qualsiasi altra invenzione, salvo forse la parola. Come sarà stata l'esperienza della prima bella italiana che contemplò l'immagine del proprio viso? Un'avventura più grande e più spaventevole di quella di Neil Armstrong quando fece una passeggiata sulla luna?

Decenni più tardi, i parigini sequestrarono tre artigiani di Murano. Altri dicono che piuttosto li sedussero. Il fatto è che nel 1665 Antonio La Motta, Salvatore Berlogini e un altro artigiano il cui nome rimase dimenticato, forse uno dei Del Gallo, uscirono clandestini all'alba per i canali di Venezia diretti a Parigi, dove li aspettava Colbert, un ministro del Re che finì poi per diventare proprietario della Royal Glass Company.

Zoológico de espejos

Como a un kilómetro de Venecia, en la isla de Murano, se refugiaron Motta, Berlogini y los Del Gallos, artesanos expertos en la fabricación de espejos. Los alquimistas nunca dieron con la piedra filosofal, pero con sodio, potasio y cenizas de helecho lograron un vidrio tan cristalino que el ojo humano pudo comenzar a contemplarse a sí mismo. Inventaron el objeto por excelencia de la Modernidad, al punto que cuesta imaginar a la vida sin podernos ver al espejo.

Su invención convirtió a Venecia en una ciudad rica por más de dos siglos, el Silicon Valley de la Edad Media.

Los artesanos eran tratados como realeza, las mujeres de los nobles entregadas a sus manos callosas y quemadas, para asegurar su estancia en esas tierras. Su oficio era tan prestigioso y codiciado que estaban convidados y obligados a permanecer allí por siempre. Se les prohibía salir. Hasta la isla le llevaban en bandeja de plata todos sus deseos, salvo salir de allí. Una vez escogidos con el privilegio de ser artesanos de Murano, tenían que vivir presos el resto de sus días, y así sus hijos, y sus nietos. Desde el primer momento los espejos, tuvieron esa cualidad de premiar y apresar.

Transformaron la sensibilidad humana más que cualquier otro invento, salvo quizás, la palabra. ¿Cómo habrá sido la experiencia de la primera hermosa italiana que contempló la imagen clara de su rostro? ¿Una aventura mayor y más aterradora que la de Neil Armstrong dando un paseo por la luna? Tiempo después, los parisinos secuestraron a tres artesanos de Murano. Dicen otros que más bien los sedujeron. El hecho es que en 1665, Antonio La Motta, Salvatore Berlogini y otro artesano cuyo nombre quedó olvidado, quizás uno de los Del Gallo, salieron clandestinos de madrugada por los canales de Venecia rumbo a París donde los esperaba Colbert, un ministro del Rey que pasó a ser dueño de la Royal Glass Company.

Con essa avrebbe costruito l'emporio commerciale più importante del tempo, grazie alle capacità rubate agli artigiani. Con essa avrebbe decorato il salone più emblematico del palazzo di Versailles.

Durante la costruzione del Salone degli Specchi La Motta, Berlogini e il terzo artigiano, che potrebbe essere astato benissimo uno dei Del Gallo, furono condotti al palazzo a fare la supervisione dell'installazione. Nel suo giro per il palazzo Berlogini rimase impressionato soprattutto dalla Ménagerie Royale, la casa per le bestie feroci che Luigi XIV aveva ordinato di edificare in uno dei giardini.

Era uno zoo costruito per il suo divertimento personale. Lì dentro si era soliti presentare combattimenti mortali tra animali: leopardi ed elefanti, pantere e leoni. L'inconscio indomito del veneziano rimase in agitazione dopo la visita.

Gli artigiani rapiti approfittarono delle ricchezze che gli offrì Parigi, sedussero belle fanciulle che li visitavano per contemplare le proprie immagini per ore e ore e in cambio lasciare che le mani callose e bruciate passeggiassero sui loro corpi. Si racconta che a La Motta piacessero soprattutto le donne voluttuose e impertinenti, era amante di chiassose e interminabili baldorie. Berlogini invece preferiva le donne silenziose che si perdevano dinanzi alla propria immagine. Era anche, a quanto consta, un amante della poesia. Si dice che in certe occasioni scambiasse pezzi di specchio con poesie scarabocchiate su un foglio.

Queste visite inconfessabili diedero luogo a numerosi racconti di streghe e a un compendio di pettegolezzi sui pericoli nascosti dietro gli enigmatici specchi.

Nonostante tutte le comodità offerte dalla Royal Glass Company, un certo giorno la nostalgia cominciò a insinuarsi nell'anima dei veneziani. Iniziarono a cercare nei propri riflessi lo sguardo di vecchie mogli o fidanzate e dei loro figli italiani; sentirono la mancanza delle famiglie e delle cattive abitudini. Si ribellarono contro le guardie, stanchi di essere sorvegliati per tutto il tempo.

Scoppiò una rissa che sfociò in sparatoria. Nello scontro rimase a terra il cadavere di Antonio La Motta e un centinaio di specchi rotti si sparpagliò al suolo. Salvatore Berlogini fu arrestato e rinchiuso, più di

Con ella construiría el emporio comercial más importante de la época, gracias a las habilidades hurtadas de los artesanos. Con ella decoraría el salón más emblemático del Palacio de Versalles. Durante la construcción del Salón de Espejos, a La Motta, Berlogini y al tercer artesano, que bien pudo ser uno de los Del Gallo, los llevaron al palacio a supervisar la instalación. En su recorrido por el palacio, Berlogini quedó sobre todo impresionado por la *Ménagerie Royale*, la casa de fieras que Luis XIV había mandado a hacer en uno de los jardines. Era un zoológico construido para su deleite personal. En ella acostumbraba presentar peleas a muerte entre animales: leopardos y elefantes; panteras y leones. El inconsciente indómito del veneciano quedó agitado luego de la visita.

Los artesanos secuestrados se aprovecharon de las riquezas que les ofreció París, sedujeron a bellas doncellas que los visitaban, para contemplar sus imágenes durante horas a cambio de dejar que las manos callosas y quemadas se pasearan por sus cuerpos. Se reporta que a La Motta sobre todo, le gustaban las mujeres voluptuosas y atrevidas, era amante de juergas ruidosas e interminables. Berlogini en cambio, prefería las mujeres silenciosas que se ensimismaban frente a su propia imagen. También, por lo visto, era amante de la poesía. Dicen que en ocasiones, intercambiaba pedazos de espejo, por poemas garabateados en alguna hoja. Esas visitas inconfesables dieron pie a numerosos relatos de brujas y chismografía sobre los peligros ocultos tras los enigmáticos espejos.

A pesar de todas las comodidades que les ofreció la Royal Glass Company, un día cualquiera comenzó a calar la añoranza en el alma de los venecianos. Comenzaron a buscar en sus reflejos la mirada de sus antiguas parejas y sus hijos italianos; extrañaron a sus familias y sus malos hábitos. Se rebelaron contra los guardias, hartos de ser vigilados a toda hora.

Comenzó una pelea que se convirtió en tiroteo. La trifulca dejó tendido al cadáver de Antonio La Motta y un centenar de espejos rotos regados por el suelo. Salvatore Berlogini fue

quanto non fosse già, e condannato a vivere nel magazzino degli specchi. Del terzo artigiano non sappiamo niente.

Berlogini passò i ventidue anni seguenti rinchiuso, con la sola compagnia dal riflesso della sua stessa immagine, moltiplicata attorno a lui.

Dicono che impazzì.

Alla sua morte trovarono un foglio accartocciato con due versi scarabocchiati, dentro di una tasca.

Dicevano:

    la poesia
    questo zoo di specchi.

apresado, más de lo que ya venía estando, y condenado a vivir en el almacén de los espejos. Del tercer artesano, no sabemos nada.

Berlogini pasó los veintidós años siguientes encerrado, acompañado solamente por el reflejo de su imagen, multiplicada a su alrededor.

Dicen que enloqueció.

Al morir encontraron una hoja arrugada con dos versos garabateados en su bolsillo.

Rezaba:

la poesía
ese zoológico de espejos.

La bocca dell'inferno

Non posso vivere senza di te. Questa bocca dell'inferno mi ingoierà, come fa già la tua – scrisse il mago e occultista Aleister Crowley alla sua fidanzata Hanni Jaeger, conosciuta anche come la "donna scarlatta".

Si riferiva a una bocca bellissima disegnata da una formazione rocciosa a Cascais, nei dintorni di Lisbona.

Si suppone che fosse andato lì per saltare verso la morte, disperato, a cinquantaquattro anni, dopo essere stato lasciato dalla fidanzata di diciannove. Altri pensano che cercasse piuttosto di sfuggire ai creditori che ne seguivano le tracce. Aleister Crowley era conosciuto come la "Grande Bestia" e l'"uomo più contorto del mondo", per le sue pratiche esoteriche. Esperto nella magia sessuale praticata dall'Ordine dei Templari d'Oriente, un ordine massonico inglese, considerava che l'atto sessuale dovesse essere visto come un rituale sacro, purificatore.

Attraverso il sesso si può stregare.

Il suicidio fu un altro dei suoi trucchi.

La cosa più bella della sua truffa fu il complice che reclutò.

Niente di più e niente di meno che Fernando Pessoa.

Pessoa aveva scritto alla casa editrice Mandrake per correggere una mappa astrale pubblicata da Crowley, che oltre al titolo di contorto ostentava anche quelli di mago, poeta, pittore, romanziere astrologo, spia e profeta. Il suo libro più famoso recava il titolo di "Il libro delle menzogne".

Quello di Pessoa invece fu sull'inquietudine.

Forgiarono una delle amicizie più curiose del secolo scorso, creando insieme l'"Inno a Pan", scritto da Crowley e tradotto in portoghese da Pessoa. Insieme finsero un suicidio.

Il poeta è un simulatore / simula così integralmente…

Se ti vuoi uccidere / perché non ti vuoi uccidere?…

Crowley rimase impressionato dalle conoscenze astrologiche del suo correttore e lo invitò a Londra. Pessoa, che non aveva mai avuto né i soldi né l'ispirazione per uscire da Lisbona, rinviò continuamente la

La boca del infierno

No puedo vivir sin ti. Esta boca del infierno me tragará, como lo hace la tuya –escribió el mago, ocultista Aleister Crowley a su novia Hanni Jaeger, conocida también como "la Mujer Escarlata".

Se refería a una boca bellísima dibujada por una formación rocosa en Cascais a las afueras de Lisboa.

Allí fue, supuestamente, a saltar hacia su muerte, desconsolado, a sus cincuenta y cuatro años, por el abandono de su novia de diecinueve. Otros creen más bien que intentaba escapar de los acreedores que le seguían la pista. Aleister Crowley era conocido como la "Gran Bestia" y el "hombre más retorcido del mundo", por sus prácticas esotéricas. Experto en la magia sexual practicada por la Orden Templaria de Oriente, una orden masónica inglesa, consideraba que el acto sexual debía ser contemplado como un ritual sagrado, purificador.

A través del sexo se puede hechizar.

El suicidio fue un truco más.

Lo más hermoso de su estafa fue el cómplice que reclutó.

Nada más y nada menos que Fernando Pessoa.

Pessoa había escrito a la editorial Mandrake para corregir una carta astral publicada por Crowley, quien además del título de retorcido, ostentaba el de mago, poeta, pintor, novelista astrólogo, espía y profeta. Su libro más famoso se tituló "El Libro de las Mentiras".

El de Pessoa en cambio fue el del desasosiego.

Forjaron una de las amistades más curiosas del siglo pasado, produciendo en conjunto el "Himno a Pan", escrito por Crowley y traducido al portugués por Pessoa. Fingieron juntos un suicidio.

El poeta es un fingidor/ finge tan completamente…

Si te quieres matar/ ¿por qué no te quieres matar?…

Crowley se impresionó de los conocimientos astrológicos de su corrector y lo invitó a Londres. Pessoa, quien jamás contó ni con

sua visita con scuse astrologiche. Si scambiarono lettere piene di menzogne per anni.

Finché un bel giorno Crowley apparve in Portogallo.

Affascina cercare di indovinare che cosa potesse aver pensato Pessoa, timido, recluso in casa, praticante della finzione e ossessionato dal suicidio, dell'audacia del suo amico avventuriero ed esibizionista.

In ogni caso Pessoa gli resse il gioco. Si rivolse alla stampa e affermò di aver trovato la nota con l'annuncio del suicidio tra le rocce.

Aleister riapparve a Berlino dopo qualche mese come se niente fosse, in una mostra di pittura.

Scomparire dinanzi all'entrata dell'inferno
un atto di magia definitivo
davanti alla tua bocca
lasciando dietro un verso
e un amico poeta

el dinero, ni la disposición para salir de Lisboa, fue postergando la visita con excusas astrológicas. Intercambiaron cartas llenas de mentiras durante años.

Hasta que Crowley se apareció un buen día en Portugal.

Fascina suponer lo que habrá pensado Pessoa, tímido, recluido en su casa, practicante del fingimiento y obsesionado con el suicidio, de la osadía de su amigo aventurero y exhibicionista.

En todo caso Pessoa siguió la corriente. Fue a la prensa, afirmó haberse encontrado la nota suicida sobre las rocas.

Aleister reapareció a los meses en Berlín como si nada, en una exposición de sus pinturas.

Desaparecer ante la entrada al infierno
un acto de magia definitivo
frente a tu boca
dejando atrás un verso
y un amigo poeta

Incidente aereo in qualche posto a Chacao

> Ogni corpo mantiene il suo stato di riposo
> o di movimento uniforme e rettilineo
> se non viene obbligato a modificare il proprio stato
> da una forza impressa su di lui.
>
> PRIMA LEGGE DI NEWTON

quasi mai è un incidente meccanico
non sono le turbine
né le ali
o la plancia di comando

né un errore della fisica
del principio di Bernoulli
o la legge di azione e reazione

ci sono cose che avrei detto in altro modo
parole che ripeterei di nuovo
che direi più volte
perché l'eco
rimbombasse nel tuo corpo

una media di otto
errori umani consecutivi
hanno calcolato
gli esperti in disastri
tendo a essere d'accordo con loro

una disattenzione del pilota
cattiva comunicazione con la torre di controllo
sguardi scoordinati

almeno otto

Accidente aéreo en algún lugar de Chacao

Todo cuerpo persevera en su estado de reposo
o movimiento uniforme y rectilíneo
a no ser que sea obligado a cambiar su estado
por fuerzas impresas sobre él.
PRIMERA LEY DE NEWTON

casi nunca es una falla mecánica
ni las turbinas
ni las alas
ni el tablero de mando

ni un error de la física
del principio de Bernoulli
ni la ley de acción y reacción

hay cosas que hubiese dicho distinto
palabras que volvería a repetir
que diría más veces
para que el eco
retumbara en tu cuerpo

un promedio de ocho
errores humanos consecutivos
han calculado
los expertos en desastres
tiendo a estar de acuerdo

una desatención del piloto
mala comunicación con el controlador aéreo
miradas descoordinadas

por lo menos ocho

Scatola nera

fu l'unica che si salvò dall'incendio
dopo l'incidente

una scatolina
dimenticata in un angolo
ad accumulare suoni del volo
e conservare la cronaca fatale

scatole nere
si controllano solo dopo la tragedia
resistenti alla penetrazione, allo schiacciamento e al fuoco
capaci di resistere sul fondo del mare

accumulava risa
canzoni condivise
anche grida
e molte ore di silenzio
il suono dell'orgasmo
e le distanze
che andarono immagazzinandosi

anni di ricordi
nei suoi microcircuiti
e soprattutto
l'ultima mezz'ora di volo
le parole del pilota
che intuiva lo sviluppo
le sue preghiere di clemenza
i suoi gesti di pentimento
il suo dolore rassegnato
le sue grida

Caja negra

fue lo único que se salvó del incendio
después del accidente

una cajita
descuidada en una esquina
acumulando sonidos del vuelo
guardando la crónica fatal

cajas negras
solo se revisan después de la tragedia
resistentes a la penetración, al aplastamiento y al fuego
capaz de resistir bajo el fondo del mar

acumulaba risas
canciones compartidas
también gritos
y muchas horas de silencio
el sonido del orgasmo
y las distancias
que se fueron almacenando

años de recuerdos
en sus microcircuitos
y sobre todo
la última media hora de vuelo
las palabras del piloto
que intuía el desenlace
sus oraciones pidiendo clemencia
sus gestos de arrepentimiento
su dolor resignado
sus gritos

ho recuperato la scatola
che avevamo dimenticato
in fondo alla stanza
e ne ho analizzato i suoni
insieme a esperti

tutte queste poesie
sono quella scatola

rescaté esa caja
que habíamos descuidado
al fondo de la habitación
y analicé sus sonidos
junto a expertos

todos estos poemas
son esa caja

In nome della scienza

Specialista in mostri è come definisce Michel Foucault l'anatomista Jean Riolan nella sua serie di conferenze intitolata "Gli anormali". Autore del trattato Monstro nato Lutetiae Anno Domini, Riolan cercò di descrivere le varianti della mostruosità. Affermò di aver operato dissezioni di vari demoni, di cui uno con due teste, di cui lasciò registro a beneficio della medicina e della scienza. Poi fu preoccupato dalla diffusione dei disegni con i quali aveva cercato di mostrare le sue scoperte. Temette che potessero avere effetti contagiosi su anime deboli e donne incinte. Dibatté nel suo intimo se la sua fosse una scienza medica o solo spettacolo. Si chiese se la parola mostro provenisse in alcun modo oscuro dal verbo mostrare.

Fu solo uno dei tanti che sorsero nel XVII secolo. Fortunio Liceti da Padova descrisse un bambino con la faccia di rospo. Argomentò che la sua presenza in famiglia non era stata una disgrazia ma piuttosto una benedizione. Descrisse come in questo caso, e in altri, la famiglia avesse ricavato un beneficio economico esibendo il figlio in circhi e fiere.

Nel 1613 alcuni muratori francesi dissotterrarono una tomba di dimensioni fuori del comune.

Il dottor Mazuyer, chirurgo di fama, arrivò sul posto e attestò la presenza di ossa che, secondo il suo ragionamento, dovettero appartenere al leggendario gigante Teutobachus che aveva cercato di invadere Roma. Commosso dalla trascendenza del ritrovamento, decise che la cosa migliore per l'umanità e per la scienza fosse armare una spedizione di sette carri per portare in giro le enormi ossa. Si moltiplicarono gli studi, in nome della scienza, sui giganti. Alcuni affermarono che si sarebbe trattato di progenitori della razza gallica.

Ma il giro coincise con il fatto che Riolan, per vari motivi, avesse cominciato a dubitare delle proprie convinzioni e si fosse dato il compito, in nome della scienza, di smascherare gli impostori. Esaminò le ossa di Teutobachus e concluse che fossero di un elefante.

En nombre de la ciencia

Especialista en monstruos, es como reseña Michel Foucault, al anatomista Jean Riolan en su serie de conferencias titulada "Los Anormales". Escritor del tratado *Monstro nato Lutetiae Anno Domini*, intentó describir las variedades de la monstruosidad. Afirmó haber hecho disección de varios demonios, uno de dos cabezas que registró para el beneficio de la medicina y la ciencia. Luego le preocupó la difusión de los dibujos con que intentó mostrar sus hallazgos, temió que podrían tener efectos contagiosos en almas débiles y mujeres preñadas. Para sus adentros debatió si su ciencia era médica o del espectáculo. Se preguntó si la palabra monstruo proviene de alguna oscura manera del verbo mostrar.

Es solo uno de tantos que surgieron en el siglo XVII. Fortunio Liceti de Padova describió a un niño con cara de sapo. Argumentó que su presencia en la familia no había sido un infortunio sino una bendición. Describió cómo en este caso y en otros, la familia se benefició económicamente exhibiendo al hijo en circos y ferias.

En 1613 unos albañiles franceses desenterraron una tumba de tamaño descomunal.

El Dr. Mazuyer, cirujano reputado, acudió al lugar y testificó la presencia de una osamenta que, según sus razonamientos, debió pertenecer al legendario gigante Teutobachus que intentó invadir a Roma. Conmovido por la trascendencia de tal hallazgo, decidió que lo mejor para la humanidad y la ciencia era armar una expedición de siete carros para llevar de gira la enorme osamenta. Se multiplicaron los estudios, en nombre de la ciencia, sobre gigantes. Algunos afirmaron que fueron nobles precursores de la raza gala.

Pero la gira coincidió con que Riolan, por alguna razón, había comenzado a dudar de sus convicciones y acometió la tarea, en nombre de la ciencia, de desenmascarar a los impostores.

Il dottor Mazuyer rispose con astio: "l'unico pachiderma qui è la sua ignoranza" e, appellandosi ai fatti ai fatti, aggiunse: "in Francia non ci sono mai stati elefanti".

Si dice che Jean Riolan, specialista in mostri, morì contemplando uno specchio piano, di quelli che fecero furore all'epoca. Fu l'oggetto più apprezzato dalla nobiltà e avrebbe dato forma alla sala più importante della galleria più fastosa del Palazzo di Versailles.

"Chi lotta con i mostri", avvertì Nietzsche, "faccia attenzione, non diventi anche lui un mostro".

Examinó los huesos de Teutobachus y concluyó que eran de un elefante.

El Dr. Mazuyer respondió con sorna "el único paquidermo aquí es su ignorancia", y, apelando a los hechos agregó, "en Francia jamás ha habido elefantes".

Dicen que Jean Riolan, especialista en monstruos, murió contemplando un espejo liso, de esos que marcaron el furor de la época. Fue el objeto más preciado de la nobleza y constituiría la pieza distintiva de la galería más fastuosa del Palacio de Versalles.

"Quien con monstruos lucha", advirtió Nietzsche, "ándese con cuidado, no vaya a ser también un monstruo".

Houdini mia

Prima si infilò in un amore adolescente. Rimase legata a promesse di amore eterno come succede a tutti noi a quell'età. Però riuscì a liberarsi, sfuggì con un talento che prefigurò le sue imprese future.

Poi si legò con gli anelli metallici delle promesse matrimoniali. Unita da Dio a quel giovane letterato che le imprigionò il cuore in un nodo nuziale. Quel che Dio ha unito non osi l'uomo separare e tuttavia in un breve lasso di meno di due anni riuscì a superare qualsiasi ostacolo umano o divino.

In quel tempo cominciò a mettere in evidenza le sue qualità di maga, di Houdini dell'amore. Fuggitrice innata che avrebbe lasciato il suo pubblico a bocca aperta con le sue incursioni estreme nei vincoli di relazioni per poi sciogliersi in circostanze quasi inimmaginabili.

Poi venne il milionario, con i suoi yacht e i suoi fiori, la sua imboscata di fantasie, la sua alluvione di regali che la convinsero a provare un nuovo trucco. In mezzo al mare, come Houdini sott'acqua, sorvegliata da tutti i lati, riuscì a fuggire in un modo quasi impercettibile. Un giorno venne il suo carceriere e non la trovò nella gabbia della sua camera da letto.

Uno dei trucchi classici di Houdini si chiamava Metamorfosi. In esso il mago, che all'inizio era stato legato con catene e lucchetti in una fossa, riappariva all'esterno, occupando il posto dove fino a pochi istanti prima c'era sua moglie, incaricata di fare da presentatrice. La sposa, che era anche la sua aiutante negli spettacoli, appariva allora nel posto dove prima c'era Houdini.

Lei intuiva molti di questi spettacoli, le risultavano naturali. Buttata sott'acqua, a temperature gelate o bollenti, a seconda del pretendente, con il corpo coperto di lucchetti, trovava sempre un pertugio per scappare, una fessura.

Io osservavo lo spettacolo, meravigliato e ammirato del suo genio. Legato in fondo al fosso, prendendo il posto dove pensavo che l'amore

Houdini mía

Primero se enredó con un amor adolescente. Quedó atada por promesas de amor eterno como nos pasa a todos a esa edad. Sin embargo, logró zafarse, escapó con un talento que insinuó sus hazañas venideras.

Luego se ató con los aros metálicos de las promesas matrimoniales. Unida por Dios con aquel joven literato que le amarró el corazón en una llave nupcial. *Lo que Dios ha unido que el hombre no se atreva a separar* y sin embargo, en un breve lapso de menos de dos años logró superar cualquier obstáculo material o divino.

Para ese entonces comenzó a evidenciar sus cualidades de maga, Houdini del amor. Escapista innata que dejaría a sus audiencias boquiabiertas con sus incursiones extremas en las amarras relacionales para luego desatarse bajo condiciones casi inimaginables.

Luego vino el millonario, sus yates y sus flores, su emboscada de fantasías, su aluvión de regalos que la convencieron de probar un nuevo truco. En medio del mar, como Houdini bajo el agua, vigilada por todos los flancos, logró huir de manera casi imperceptible. Un día vino su carcelero y no la encontró en la jaula de su habitación.

Uno de los trucos clásicos de Houdini se denominó Metamorfosis. En él el mago, que originalmente había sido atado con cadenas y candados en una fosa, aparecía afuera, ocupando el lugar que instantes previos había ocupado la esposa, encargada de presentar el acto. Ella, que también era la ayudante de sus espectáculos, aparecía entonces esposada en el lugar donde había estado Houdini.

Ella intuía muchos de estos espectáculos, le resultaban naturales. Arrojada bajo el agua, en temperaturas heladas o hirviendo,

l'avesse lasciata. Lei sollevava il telone perché tutti applaudissero la scena, in piena luce, deplorevole.

dependiendo del pretendiente, su cuerpo cubierto de candados, siempre hallaba un pasadizo para escapar, una ranura.

Yo observaba el espectáculo, asombrado y admirado por su genialidad. Atado al fondo del foso, intercambiando el lugar donde pensaba que la había dejado el amor. Ella levantaba el telón para que todos aplaudieran la escena, a todas luces, lamentable.

Animali domestici

Alcuni giorni prima che arrestassero Ramón la sua fidanzata Inés aveva comprato un pappagallino verde che riempì di allegria la casa. Il suo canto e i suoi saltelli vivaci dentro la gabbia appesa vicino alla finestra avevano trasformato la minuscola catapecchia in un'altra cosa. Aveva portato allegria in un luogo di sopravvivenza. Non poteva certo sapere che meno di una settimana dopo sarebbe diventato il simbolo più oneroso della sua esistenza. Dietro le sbarre, furioso, gridando che lo lasciassero uscire, oppure affacciato in silenzio, a guardare l'orizzonte con rassegnazione.

Intrappolata nella sua stessa metafora, Inés aprì la gabbia, invitò il pappagallino a uscire e lanciò un grido di dolore.

Mascotas

Unos días antes de que cayera preso Ramón, su novia, Inés, había comprado un periquito verde que llenó de alegría la casa. Su canto y sus pequeños saltos animosos dentro de la jaula colgada cerca de la ventana habían transformado el minúsculo rancho en otra cosa. Había traído alegría a un lugar de supervivencia. Poco podía saber que a menos de una semana sería el símbolo más oneroso de su vida. Detrás de las barras, furioso, chillando para que lo dejaran salir o asomado en silencio, viendo el horizonte con resignación. Atrapada en su propia metáfora, Inés abrió la jaula, invitó al periquito a salir y exclamó un aullido de dolor.

Animali domestici 2

Nel XVIII secolo in Inghilterra nacque la moda di contrattare eremiti ornamentali.
Erano esseri marginali, errabondi, che venivano pagati per vivere in giardino. Il loro compito: vagare per anni nel giardino di dietro delle dimore della nobiltà. Erano considerati ornamenti per famiglie facoltose, una mostra di potere, parte del paesaggio.
Vagabondi che non potevano nemmeno essere autentici vagabondi.
Potevano trascorrere anni in quell'impiego, come il cane di casa.

Mister Hamilton pubblicò un annuncio cercandone uno per la sua nuova dimora, nel 1770. Doveva andare scalzo, sporco e non tagliarsi mai le unghie.

Nei giardini del Buen Retiro vissero sette eremiti. Nei giardini di Aranjuez due.

Mister Hamilton è ancora vivo e coltiva i suoi gusti, forse lo avrai visto, magari è il tuo vicino
o sei tu stesso.
Che accumuli ornamenti viventi nella tua stanza.

Mascotas 2

En el siglo XVIII en Inglaterra surgió la moda de contratar ermitaños ornamentales. Eran seres marginales, errantes que se les pagaba para vivir en el jardín. Su tarea, vagar por años por el patio trasero de las mansiones de la nobleza. Se consideraban un adorno para familias adineradas, una muestra de poder, parte del paisaje. Unos vagabundos que ni siquiera podían ser auténticos vagabundos. Podían pasar años en ese empleo, como el perro de la casa.

Mr. Hamilton publicó un anuncio buscando uno para su nuevo hogar en 1770. Debía ir descalzo, mugriento y jamás cortarse las uñas.

En los jardines del Buen Retiro vivieron siete ermitas. En los jardines de Aranjuez, dos.

Mr. Hamilton sigue vivo cultivando sus gustos, quizás lo hayas visto, de pronto
es tu vecino
o eres tú mismo.
Acumulando adornos vivientes en tu habitación.

Mamihlapinatapei

Sono le ore che precedono la battaglia. L'odore di erba scura e una parola antica che gira nella sua mente. Mamihlapinatapei. Il suo aspetto già di per sé è di coste rocciose, scarpate, curve e altopiani. Dicono che è una parola indefinibile. Allude allo sguardo scambiato tra persone che siano sul punto di imbarcarsi in qualcosa che entrambi desiderano ma che non si decidono a iniziare.

È la tensione che precede un incontro erotico o il fascino delle ore che precedono la battaglia.

Tutti temono lo scontro sanguinoso, ma nelle ore che lo precedono, quando il suo accadere appare ormai inevitabile, può intervenire un acutizzarsi dei sensi che fa risaltare la bruma in cielo, il sapore delicato e riconfortante del freddo che avvolge tutta la città. In queste ore l'anima diventa capace di percepire l'enorme bellezza del mondo, il suo affascinante misto di orrore e incanto. Posso immaginare i combattenti, che sanno che uno dei due dovrà morire in duello, guardarsi negli occhi e apprezzare la grandezza dell'istante, percepire l'umanità condivisa con il nemico.

Una poesia di Antonio Marques descrive la bellezza assurda della lotta per arrivare a un incontro fatale: Siamo arrivati alla battaglia e l'unico dolore che ci resta è di non sapere perché.

La parola proviene dalla lingua degli Yámanas, nativi della Terra del Fuoco. Lo sappiamo perché il capitano Robert Fitz Roy navigò a bordo del Beagle fin lì all'inizio del XIX secolo. Fu lì che sequestrò quattro Yámanas, che battezzò crudelmente e simpaticamente come Boat Memory, York Minster, Fuegia Basket e Jemmy Button. Quest'ultimo a quanto pare perché era stato comprato da sua madre per un bottone di madreperla. I quattro furono trapiantati a Londra ed esibiti come curiosità. Gli si rifilò il compito di fungere da interpreti e perciò impararono l'inglese. Lo stesso Re Guglielmo IV li ricevette. Attorno a loro sorse tutto un dibattito sul dovere di educarli alla "civiltà" o di restituirli al loro luogo d'origine.

Mamihlapinatapei

Son las horas previas a la batalla. Olor a pasto oscuro, una palabra antigua ronda en su mente. Mamihlapinatapei. Su apariencia ya de por sí es de costas rocosas, escarpadas, curvas y altiplanos. Dicen que es una palabra indefinible. Alude a la mirada compartida entre personas a punto de embarcarse en algo que ambos desean, pero vacilan antes de iniciar. Es la tensión previa a un encuentro erótico o la fascinación de las horas previas a la batalla.

Todos temen al enfrentamiento sangriento, pero cuando amanece ese día, en que su ocurrencia se sabe inevitable, puede haber una agudización de los sentidos que remarca la bruma del cielo, la sensación delicada y reconfortante del frío que arropa toda la ciudad. En esas horas el alma se vuelve capaz de percibir la enorme belleza del mundo, su fascinante mezcla de horror y hermosura. Puedo imaginarme a los combatientes, sabiendo que alguno de los dos debe morir en el duelo, mirarse a los ojos y apreciar la grandeza del instante, percibir la humanidad compartida con el enemigo.

Un poema de Antonio Marques describe la belleza absurda de la lucha por llegar a un encuentro fatal: *Hemos llegado a la batalla y el único dolor que nos queda, es no saber para qué.*

La palabra proviene del idioma de los Yámanas, nativos de la Tierra del Fuego. Lo sabemos porque el capitán Robert Fitz Roy navegó en el Beagle hasta allá a comienzos del siglo XIX. Allí secuestró cuatro Yámanas quienes bautizó cruel y simpáticamente como Boat Memory, York Minster, Fuegia Basket y Jemmy Button. Éste último aparentemente porque había sido "comprado" a su madre por un botón de perlas. Los cuatro fueron trasplantados a Londres y exhibidos como curiosidad. Se les endilgó la tarea de aprender inglés y fungir de traductores. El mismo Rey Guillermo IV los recibió. A su

L'anno dopo si imbarcarono di nuovo nella stessa nave, il mitico Beagle. Lì avrebbero condiviso giornate di mare con Charles Darwin, al suo primo viaggio. Un giovane curioso, esperto nell'osservare. Mi chiedo che cosa avranno vissuto Darwin e gli Yámanas in quei mesi di spedizione. Mi chiedo se avranno sperimentato qualche versione di quel vacillamento trepidante del Desiderio incompiuto, se avranno potuto guardarsi attraverso una fessura minima di umanità condivisa. Se Boat Memory, York Minster, Fuegia Basket e Jemmy Button abbiano avuto in qualche modo a che vedere con il fatto che quell'inglese in seguito abbia osato denunciare la teoria razzista secondo cui solo l'uomo occidentale era stato creato da Dio; affermando invece che tutta l'umanità era affratellata in un modo oscuro.

In tutto ciò Boat Memory morì per una malattia contratta a Londra. Il suo nome e quello dei suoi tre compagni è rimasto ironicamente dimenticato, ai margini della storia dell'Occidente, come un incidente, un aneddoto secondario, un ricordo represso che galleggia senza direzione nel mare dell'inconscio storico.

Jemmy Button, che "in realtà" si chiamava Orundellico, fu visto di nuovo quattro anni dopo, vivendo nella sua terra, da una nuova spedizione del Beagle. Dicono che tra gli altri artefatti Orundellico portò con sé bastoni e una palla da cricket al suo ritorno nella Terra del Fuoco, per insegnare lo sport ai suoi conterranei. Ma non riuscì a entusiasmare nessuno con quel gioco. Lo videro magro, affamato, lo invitarono a tornare in Inghilterra, gli offrirono abiti occidentali, ma Orundellico rifiutò, mormorò qualcosa sulla sua nuova sposa e poi mamihlapinatapei.

Venti anni dopo la Patagonian Missionary Society che arrivò alle stesse isole a evangelizzare fu attaccata dagli Yámanas, descritti sempre fino ad allora come gente pacifica. Le parole di Cristo, i bastoni da cricket e i bottoni di madreperla erano riusciti a saturare la pazienza di un popolo che non conosco ma che ammiro per aver inventato una così bella parola.

Jemmy era ancora vivo, era l'unico degli Yámanas che parlava inglese, lo ricordava ancora, con un segreto affetto. Forse per questo fu accusato lui per le uccisioni, e interrogato. Più niente dice la storia di quello che gli accadde.

alrededor surgió todo un debate sobre el deber de educarlos en la "civilización" o regresarlos a su lugar de origen. Al año siguiente embarcaron de vuelta en el mismo barco, el mítico Beagle. Allí compartirían días de mar con Charles Darwin en su primer viaje. Un joven curioso, experto en observar. Me pregunto ¿qué habrán vivido Darwin y los Yámanas en esos meses de expedición? Me pregunto si habrán experimentado alguna versión de esa vacilación trepidante del deseo incumplido, si habrán podido mirarse a través de alguna rendija mínima de humanidad compartida. Si Boat Memory, York Minster, Fuegia Basket y Jemmy Button hayan tenido algo que ver con que aquel inglés luego se atreviera a denunciar la teoría racista que afirmaba que solo el hombre occidental había sido creado por la mano de Dios; que en cambio toda la humanidad estaba oscuramente hermanada.

A todas estas Boat Memory falleció por una enfermedad adquirida en Londres. Su nombre y el de sus tres compañeros han quedado irónicamente olvidados, al borde de la historia de Occidente, como un accidente, una anécdota marginal, un recuerdo reprimido que flota sin rumbo en el mar del inconsciente histórico. Jemmy Button, quien en "verdad", se llamaba Orundellico, fue visto de nuevo, cuatro años después viviendo en su tierra, por una nueva expedición del Beagle. Dicen que entre otros artefactos Orundellico, llevó bates y una pelota de cricket de vuelta a la Tierra del Fuego, para enseñarle el deporte a sus coterráneos. Pero no logró entusiasmar a nadie con el juego. Lo vieron flaco, hambriento, le invitaron a regresar a Inglaterra, le ofrecieron ropajes occidentales, pero Orundellico declinó, murmuró algo sobre su nueva esposa y mamihlapinatapei.

Veinte años después la *Patagonian Missionary Society* que llegó a las mismas islas a evangelizar fue atacada por los Yámanas, descritos hasta entonces siempre como gente pacífica. Las palabras de Cristo, los bates de cricket y los botones de perlas habían logrado saturar la paciencia de una gente que desconozco pero admiro por haber inventado tan hermosa palabra.

Sono poche ore prima dello scontro.
Dopo di ciò tornerò a casa dove forse mi aspetta Carla,
forse allora potrò guardarla negli occhi
e i pensieri potranno riposare.
Mamihlapinatapei.

Jemmy seguía vivo, era el único de los Yámanas que hablaba inglés, aún lo recordaba, con un secreto cariño. Quizás por eso fue acusado por los asesinatos, interrogado. Nada más dice la historia sobre qué pasó con él.

Son escasas horas antes del enfrentamiento.

Después de eso regresaré a mi casa donde quizás espera Carla, quizás entonces la pueda ver a los ojos
y mi mente pueda reposar.

Mamihlapinatapei.

Parole dalla fine del mondo

A Pedro
per la sua vecchia cartolina dalla fine del mondo

un amico invia cartoline dalla fine del mondo
in una lingua dimenticata

enormi feste facevano gli yámanas
nella Terra del Fuoco
quando le balene naufragavano sulla costa
ne mangiavano la carne
e ballavano nudi intorno

il 13 ottobre 2005
a ottantaquattro anni
morì Emelinda Acuña
la penultima yámana
abitante della fine del mondo

Cristina Calderón deplorò:
"ormai non ho più nessuno con cui parlare la mia lingua materna".

Che un albero cada nel mezzo di un bosco
e una sola persona lo osservi
non ha valore ontologico
è solo
un'enorme tristezza

Vedere alberi cadere e non avere nessuno a cui raccontarlo.

Cristina Calderón fu dichiarata patrimonio dell'umanità vivente.
L'ultima yámana.
Quanto è solitaria l'ultima a parlare una lingua?

Palabras del fin del mundo

A Pedro
por su antigua postal desde el fin del mundo

un amigo envía postales del fin del mundo
en un idioma olvidado

enormes fiestas hicieron los yámanas
en Tierra del Fuego
cuando las ballenas naufragaban en la costa
comían su carne
y bailaban desnudos a su alrededor

el 13 de octubre de 2005
a los ochenta y cuatro años
murió Emelinda Acuña
la penúltima yámana
habitante del fin del mundo

Cristina Calderón lamentó:
"ya no tengo nadie con quien hablar en mi idioma natal".

que un árbol caiga en medio de un bosque
y una sola persona lo observe
no tiene valor ontológico
solo es
una enorme tristeza

Ver árboles caer y no tener a quien contárselo.

Cristina Calderón fue declarada tesoro humano vivo.
La última yámana.
¿Cuán solitaria es la última hablante de un idioma?

Quanta solitudine
le parole conosciute solo da te?

un amico
mormora una lingua estinta
parla da solo
in una spiaggia fredda
invia cartoline
dalla fine del mondo

¿Cuánta soledad
las palabras solo conocidas por ti?

un amigo
murmura en un idioma extinto
habla solo
en una playa fría
envía postales
del fin del mundo

Deserto Mohave

A Ana Herrera

Seduto nella stanza 601 dell'Hilton Suites di Phoenix, Arizona, vedo l'orizzonte nero delle undici di notte, sotto il quale si estende un vasto territorio di terra arida, cime rocciose, scarpate, disseminate di cactus freddi, e cerco di riposare. Solo allora mi invade un sottile ricordo degli indios Mohave descritti dallo psicanalista ungherese Gyorgy Dobó. Ricordo che in queste terre era forte la tradizione del sogno. Si ritiene che i Mohave siano stati la cultura che ha maggiormente sviluppato la vita onirica. La loro esperienza culturale era dominata dai sogni. I Mohave consideravano la vita onirica come la continuazione logica della veglia. E quale ragione, vediamo un po', potrebbe negare una verità così evidente?

Le verità principali della vita sarebbero trasmesse di generazione in generazione attraverso i sogno ed è compito di ogni degno Mohave ricordarli con diligenza. Il vero potere è trasmesso solo durante i sogni, ed è concesso dalle divinità attraverso di essi.

Dunque mi addormento nel mezzo di queste curiose elucubrazioni, questi brevi tratti di qualcosa che ha occupato un paesaggio nel quale ora mi trovo per caso. Sogno un incontro: una donna alta e scura bussa alla porta e mi consegna un pugno di sabbia che debbo mettere nella mia valigia, come simbolo di qualcosa che mi sfugge. La sua presenza trasmette pace e sapienza, ma non parla la mia lingua. Sussurra qualcosa che resta perciò perduto in un balbettio irrecuperabile.

Mi sveglio con brio dopo una notte ristoratrice. Riprendo i miei rituali di uomo occidentale, mi lavo i denti con il dentifricio, mi esamino il volto in uno specchio piano, faccio i miei bisogni in un water di ceramica.
In un angolo della stanza percepisco con la coda dell'occhio un'inattesa montagna di sabbia.
Che cos'altro sarebbe stato di noi se avessimo coltivato sogni Mohave?

Desierto Mohave

Sentado en la habitación 601 del Hilton Suites de Phoenix Arizona, veo al horizonte negro de las once de la noche, bajo el cual se asienta un largo territorio de tierra árida, cumbres rocosas escarpadas sembradas de cactus fríos e intento descansar. Solo entonces me invade un sutil recuerdo de los indios Mohave descritos por el etnopsicoanalista húngaro Gyorgy Dobó.

Recuerdo que en estas tierras fue fuerte la tradición del sueño. Se considera que los Mohave han sido la cultura que más ha desarrollado la vida onírica. Su vida cultural estaba dominada por los sueños.

Los Mohave consideraban la vida onírica como la continuación lógica de la vigilia. ¿Y qué razón que a ver vamos, podría negar una verdad tan evidente?

Las verdades principales de la vida serían transmitidas de generación en generación a través de los sueños y es tarea de todo Mohave digno, el recordarlos con diligencia. El verdadero poder solo es transmitido durante los sueños y otorgado por las deidades a través de éstos.

Caigo dormido en medio de estas ideas extrañas, estos breves trazos de algo que ocupó un paisaje en que me encuentro por casualidad. Sueño con un encuentro: una mujer alta y oscura toca la puerta y me hace entrega de un puñado de arena que debo colocar en mi maleta, como símbolo de algo que me sobrepasa. Su presencia transmite paz y sabiduría, pero no habla en mi lengua. Susurra algo que queda así perdido en un balbuceo irrecuperable.

Despierto con brío tras una noche reparadora. Retomo mis rituales de hombre occidental, me cepillo los dientes con crema, examino mi rostro en un espejo plano, hago mis necesidades en la poceta de cerámica.

En la esquina de la habitación percibo de reojo una inesperada montaña de arena.

¿Qué otra cosa hubiese sido si hubiésemos cultivado sueños Mohave?

Il filosofo e il Mar dei Caraibi

Il professore di filosofia e teologia si ritirò a Río Caribe per terminare la sua tesi di dottorato. Dopo vari anni nella Scuola di Studi Superiori, tempio delle Scienze Sociali, a Parigi, aveva deciso di tornare in Venezuela, a ritirarsi un po' da tutto per cercare di far scorrere l'ultimo argomento che avrebbe dovuto, a suo giudizio, consacrare anni di riflessioni. Compiaciuto di se stesso ricordò che il nome dato a Budda dai genitori significava "Colui che ha raggiunto tutte le sue mete".

Fece le valigie e tornò alle spiagge caraibiche delle sue origini.

Una volta installatosi in una modesta pensione a pochi metri da Playa Medina, si mise i suoi sandali da filosofo, il costume da bagno quale tunica greca caraibica, ben stretta alla vita, il suo asciugamani come mantello socratico, e si buttò sulla sabbia a pensare. Era avido di potersi allontanare da tutto il via vai in un luogo nel quale – ne era convinto – avrebbe potuto lasciare libera la sua immaginazione per fare l'ultimo salto induttivo.

Ma presto si perse nelle sensazioni; liberato dall'agitazione della vita, il suo corpo affondò nella lievità e nel calore della sabbia. Le diverse tonalità acquamarina del mare catturarono per intero la sua attenzione, di modo che passò tutta la mattina distratto da un piacere diffuso, difficile da enunciare. La bellezza nei Caraibi è un'esperienza totale, che penetra in tutti i sensi e avvolge il corpo. Passato mezzogiorno decise di pranzare. Ricordò che Budda, dopo essere passato per gli estremi del digiuno assoluto e dell'indulgenza, aveva scelto il "percorso intermedio", e prima di sedersi sotto il leggendario fico, dice la leggenda, "aveva mangiato".

Non c'era niente di straordinario nel piatto di pesce con banane fritte che degustò, ma forse questa semplicità e la sintonia del suo corpo con l'istante gli permisero di godere di ogni boccone come se fosse un frammento di sapienza.

Nel pomeriggio avrebbe fatto una siesta e si sarebbe svegliato abbracciato dai colori di un tramonto che trasformava a ogni minuto la

El filósofo y el Mar Caribe

El profesor de filosofía y teología se retiró a Río Caribe a terminar su tesis doctoral. Luego de varios años en la Escuela de Altos Estudios, templo de las Ciencias Sociales, de París, había decidido regresar a Venezuela, a retirarse un poco de todo para intentar hacer fluir el último argumento que debería, a su juicio, consagrar años de reflexión. Complacido con él mismo recordó que el nombre dado a Buda por sus padres significaba: "el que ha cumplido todas sus metas".

Hizo su maleta y regresó a las playas caribeñas de su origen.

Ya instalado en una modesta posada a escasos metros de Playa Medina, se puso sus cholas de filósofo, su traje de baño cual túnica griega caribeña, ceñida a la cintura, su toalla, como manto socrático y se echó en la arena a pensar. Estaba ávido de alejarse de todo el ajetreo, a un lugar donde, estaba convencido, podría dejar libre su imaginación para hacer un último salto inferencial.

Pero pronto se perdió en las sensaciones; relevado del agite de la vida, su cuerpo se hundió en la levedad y la calidez de la arena. Las distintas tonalidades aquamarinas del mar atraparon toda su atención, de manera que se pasó toda la mañana distraído en un placer difuso, difícil de enunciar. La belleza en el Caribe es una experiencia total, que penetra por todos los sentidos y arropa al cuerpo. Pasado el mediodía decidió almorzar. Recordó que Buda, luego de transitar por los extremos del ayuno absoluto y la indulgencia, había optado por el "camino medio", y antes de sentarse bajo la legendaria higuera, reza la leyenda, "había comido".

No había nada extraordinario en el plato de pescado con tajadas que degustó, pero quizás esa sencillez y la sintonía de su cuerpo con el instante le permitieron disfrutar cada bocado como si fuese un trozo de sabiduría.

En la tarde tomaría una siesta y despertaría abrazado por los colores de un atardecer que iba transformando a cada minuto la

spiaggia. La bellezza di tutta la giornata gli fece pensare di essere molto vicino a una verità che andava cercando da anni, una specie di congiunzione sul sostrato di varie religioni e sulla sua attuale pertinenza. C'era qualcosa più in là del dicibile che sembrava nascondersi in ogni sensazione.

Il giorno dopo ripeté la routine e anche quello seguente, e così via, fino ad accumulare varie settimane, più di quante ebbe bisogno Budda, fino a perderne il conto. A tal punto che cominciò a sorgere in lui una certa preoccupazione. La sensazione di essere molto vicino a una verità trascendente non era scomparsa. Si svegliava davanti alla bellezza del mare e arrivava alla sera ancora in sua compagnia, a volte con un sorso di rum per assaporare l'immensità dell'istante. Tutto si disegnava con assoluta chiarezza, ma i suoi pensieri si dissolvevano nel movimento delle onde e nella gradevolezza della brezza fresca che alleviava dal calore. La spuma dell'acqua si affacciava sulla sabbia come una verità che suppurasse ai suoi piedi e la sua anima si perdeva nella contemplazione.

Superando i momenti di angustia ricordava il Budda, l'atarassia greca, la verità incarnata nell'istante degli esistenzialisti, e cercò di dire a se stesso che si trovava sulla strada giusta.

La tesi tornava ogni tanto nei suoi pensieri, interrompendo il suo profondo stato di meditazione. A tal punto che cominciò a chiedersi se la conclusione della tesi fosse l'ultimo ostacolo da superare per poter raggiungere la verità o se, piuttosto, la preoccupazione per la tesi in quanto tale e per i riconoscimenti mondani che essa rappresentava fosse l'ultimo inganno di cui liberarsi.

A questa domanda non rispose mai. Rimase negli anni un barattolo di plastica che inquinava i pensieri, finché alla fine cominciò a diluirsi. Giunse in un luogo di "non ritorno", nel quale l'anima conclude che "è stato fatto quello che bisognava fare", un pensiero che alcuni equiparano al Nirvana.

Prendendo coscienza di essere arrivato allo stato nel quale il pensiero si equipara al nulla, si rese conto che lì, in quella costa sabbiosa, c'erano un bel po' di budda seduti, distesi sotto l'ombra delle palme, perduti nella contemplazione, immersi come marmotte nelle loro

playa. La belleza de todo el día le insinuó estar muy cerca de una verdad que tenía años buscando, una especie de conjunción sobre el sustrato de varias religiones y su pertinencia actual. Había algo más allá de lo decible que parecía esconderse tras cada sensación.

Al día siguiente repitió su rutina y el siguiente, y así, hasta acumular varias semanas -más de las que necesitó el Buda- tantas que perdió la cuenta. A tal punto que comenzó a surgir en él cierta preocupación. La sensación de estar muy cerca de una verdad trascendente no había desaparecido. Amanecía frente a la belleza del mar y atardecía igualmente con él, a veces con un trago de ron para saborear la inmensidad del instante. Todo se dibujaba con absoluta claridad, pero sus pensamientos se disolvían en el movimiento de las olas y lo agradable de la brisa fresca aliviando el calor. La espuma del agua se asomaba sobre la arena como una verdad supurando a sus pies y su alma se perdía en la contemplación.

Superado los instantes de angustias recordaba al Buda, a la ataraxia griega, a la verdad encarnada en el instante de los existencialistas e intentó decirse a sí mismo que andaba por buen camino.

La tesis le regresaba cada cierto tiempo a sus pensamientos, interrumpiendo su estado profundo de meditación. A tal punto que comenzó a preguntarse si la finalización de la tesis era el último obstáculo que debía cumplir para alcanzar la verdad, o si más bien, la preocupación por la tesis en sí misma y los reconocimientos mundanos que ésta representaba, era el último engaño, que debía desechar.

Esa pregunta jamás la contestó. Quedó, con los años, como un pote de plástico contaminando los pensamientos, hasta que finalmente se fue diluyendo. Llegó a un lugar de "no retorno", en que el alma concluye que "hecho está lo que tenía hacerse", pensamiento que algunos equiparan al Nirvana.

Al hacer consciencia de haber llegado al estado en que el pensamiento se equipara con la nada, se dio cuenta que allí, en

grandi verità. Nessuno glielo avrebbe mai riconosciuto, non avrebbero creato grandi movimenti teologici, né somme filosofiche, e proprio in quello risiedeva l'umiltà e la grandezza della loro filosofia.

Alcuni amici avrebbero lamentato la storia del professore che si ritirò a vivere a Río Caribe come uno spreco di talento, una storia incomprensibile. Altri vi avrebbero visto una speranza, qualcosa di più, di indecifrabile, nascosto sotto il riverbero del sole.

In quella tesi mai scritta giace tutta la sapienza che ha prodotto il Mar dei Caraibi.

esa costa playera, había unos cuantos budas sentados, echados bajo las sombras de las palmas, perdidos en la contemplación, sumidos como marmotas en sus grandes verdades. Nadie nunca se los reconocería, no crearían grandes movimientos teológicos, ni sumas filosóficas y justo allí residiría la humildad y grandeza de su filosofía.

Algunos amigos lamentarían la historia del profesor que se retiró a vivir a Río Caribe, como un desperdicio de talento, una historia incomprensible. Otros verían en él una esperanza, un algo más, indescifrable, escondido bajo el brillo del sol.

En esa tesis jamás escrita yace toda la sabiduría que ha producido el Mar Caribe.

Le imitazioni cinesi

Se una cosa è buona bisogna imitarla. L'idea di un'opera originale che è di valore perché è originale è un'idea arbitraria, tipicamente occidentale. Per i cinesi, la copia, se è buona, vale tanto quanto la versione primigenia. Di fatto, un'opera è di valore se molti desiderano imitarla. L'imitazione esalta. È un'idea di tutta ovvietà. Salvo che la nostra tradizione resiste a capirlo.

Nei dipinti cinesi classici puoi vedere i pittogrammi disegnati dai proprietari che possedettero la tela con il passare dei secoli. Questi versi che adornano il cielo dietro una montagna al tramonto non sono dell'autore originale. Sono aggiunte, rammendi. I proprietari disegnano sopra le tele delle opere pittoriche che acquisiscono. Non pensano che stanno rovinando il valore dell'opera, anzi, al contrario, la abbelliscono ancora di più.

Come una canzone che acquista bellezza ogni volta che c'è una nuova versione, con le piccole aggiunte di ogni interprete.

Come una donna ogni volta più desiderata.

Le canzoni non perdono valore se le si ascolta migliaia di volte, anzi, al contrario. È una prova della loro importanza.

E siccome tra la pittura e la poesia gli antichi cinesi non vedevano differenze, l'esempio non è metaforico.

Tutti assaporano la poesia di Wang Wei, c'è pittura in essa
Tutti canticchiano le pitture di Wang Wei, c'è poesia in esse

Quando qualcuno assapora le gambe di Maria, c'è pittura in esse
Quando qualcuno canticchia le gambe di Maria, c'è poesia in esse

Disegno un ideogramma sulla tua schiena, come cercando di aggiungere bellezza al mondo. Fallita la ricerca della verità, cerco di aumentare l'incanto. Non mi basta contemplare. Con le mie dita disegno versi in cinese, bellissime lettere in giapponese.

Las copias chinas

Si es buena ha de ser copiada. La idea de una obra original que es valiosa por ser original, es una idea arbitraria, típicamente occidental. Para los chinos, la copia, si es buena, es tan valiosa como la versión primigenia. De hecho, una obra es valiosa si muchos desean copiarla. La copia enaltece. Es una idea que resulta obvia. Salvo que nuestra tradición se resiste a entenderlo.

En las pinturas chinas clásicas puedes ver los pictogramas dibujados por los dueños que poseyeron el lienzo a través del paso de los siglos. Esos versos decorando el cielo de una montaña al atardecer no son del autor original. Fueron añadiduras, remiendos. Los dueños dibujan sobre los lienzos de las obras pictóricas que adquieren. No creen arruinar el valor de la obra, todo lo contrario, la embellecen aún más.
Como una canción que gana belleza cada vez que es versionada, con pequeñas adiciones de cada intérprete.
Como una mujer cada vez más deseada.
Las canciones no pierden valor si son escuchadas miles de veces, todo lo contrario. Es una muestra de su importancia.
Como entre la pintura y la poesía los chinos antiguos no veían diferencia, el ejemplo no es metafórico.

Cada uno saborea la poesía de Wang Wei, hay pintura en ella
Cada uno tararea las pinturas de Wang Wei, hay poesía en ellas

Cuando uno saborea las piernas de María, hay pintura en ellas
Cuando uno tararea las piernas de María, hay poesía en ellas

Dibujo un ideograma sobre tu espalda, como tratando de añadir belleza al mundo. Fracasado en la búsqueda de la verdad, intento sumar hermosura. No me conformo con contemplar. Con mis dedos dibujo versos en chino, hermosas letras en japonés.

Mi tradisco.

Dimentico la bellezza degli spazi bianchi.

Me traiciono.

Olvido la hermosura de los espacios en blanco.

Kintsukuroi

Il Kintsukuroi è l'arte giapponese di decorare le crepe della ceramica rotta con una mescola di argento, oro e vernice perché la riparazione risulti ancora più bella dell'originale. Lo shogun del XV secolo Ashikaga Yoshimasa scoprì la bellezza delle crepe per caso. Dopo essersi trovato con una eredità familiare che era esplosa in mille pezzi ai suoi piedi, la mandò al migliore artigiano del Giappone perché cercasse di ripararla.

Durante il suo mandato ci fu una guerra civile che durò dieci anni e trasformò Kyoto in una montagna di rovine. Yoshimasa si sentì con le mani legate, incapace di impedire la distruzione. Seppe soltanto che cosa fare con i pezzi del piatto di ceramica che raccolse ginocchioni sul pavimento, angosciato da simile disastro.

Dicono le voci che la ceramica aggiustata risultò così bella che i nobili cominciarono a rompere oggetti nelle loro case per mandarli a riparare. I meno ricchi cercarono oggetti rotti in strada sperando di trovare qualche bella crepa.

Entro nel bar di tutti i miei venerdì e la vedo che balla da sola contro il banco. C'è qualcosa di smisurato nel suo gesto. Una lacerazione nel suo modo di girare.

Mi avvicino a una donna spezzata e le chiedo il suo nome. Lei svia lo sguardo verso oriente.

Quando dopo un po' mi chiede il mio, penso ad Ashikaga Yoshimasa, ma mento, e le dico Miguel. C'è una guerra fuori nelle strade della mia città. Una donna spezzata balla e io penso all'arte millenaria giapponese di accettare le crepe, convivere con esse, ammirarle.

Kintsukuroi

Kintsukuroi es el arte japonés de decorar las grietas de cerámica rota con una mezcla de plata, oro y barniz para que la reparación resulte aún más bella que la original. El shogún del siglo XV, Ashikaga Yoshimasa, descubrió la hermosura de las fisuras por accidente. Luego de tropezarse con una herencia familiar que estalló en pedazos a sus pies, se la envió al mejor artesano de Japón para que intentara repararla.

Durante su mandato hubo una guerra civil que duró diez años y dejó a Kyoto en ruinas. Yoshimasa se sintió atado de manos, para impedir la destrucción. Solo supo qué hacer con los pedazos del plato de cerámica que recogió arrodillado en el piso, atribulado por tanta ruptura.

Dicen los rumores que la cerámica arreglada resultó tan hermosa que a los nobles les dio por romper cosas en sus casas para enviarlas a reparar. Los menos ricos buscaron cosas rotas en las calles intentando descubrir alguna grieta hermosa.

Entro al bar de todos los viernes y la veo bailando sola contra la barra. Hay algo desmesurado en su gesto. Una rasgadura en su manera de voltear.

Me acerco a una mujer rota y le pregunto su nombre. Ella desvía la mirada hacia oriente.

Cuando rato después me pregunta el mío pienso en Ashikaga Yoshimasa, pero miento, y le digo Miguel. Una guerra acontece afuera en las calles de mi ciudad. Una mujer rota baila y yo pienso en el arte milenario japonés de asumir las grietas, vivir con ellas, admirarlas.

Poesia per un giovedì notte a Chacao

Scrivo poesia perché la mia testa
contiene una moltitudine di pensieri.
10.000 per essere esatti.

ALLEN GINSBERG

una donna senza cognome si spoglia
ho visto il tappeto
sotto il quale
nasconde i suoi sogni

metto con attenzione
una parola sulla bilancia
250 grammi di silenzio
un cucchiaino di pazienza
e dieci sorsi di rum 'Caballito Frenao'[10]
appendo la mia schiena dietro la porta
e mi lancio nell'abisso di un'amaca

i miei vicini
contemplano il futuro
attraverso lo spioncino
senza aprirgli la porta

a Chacao ci sono solo verbi
che nuotano nelle fogne
gli aggettivi invigliacchiti
sono fuggiti per la via del Muñeco

i poeti
fanno castelli di sabbia
in mezzo all'autostrada

---

10 È il nome con cui è conosciuta in Venezuela una nota marca di rum, per via del cavalluccio bianco impennato che appare nell'etichetta sulla bottiglia (NdT).

Poema para una noche de jueves en Chacao

Escribo poesía porque mi cabeza
contiene multitud de pensamientos.
10.000 para ser exactos.
ALLEN GINSBERG

una mujer sin apellido se desnuda
he visto la alfombra
bajo la cual
barre sus sueños

coloco con cuidado
una palabra sobre la balanza
250 gramos de silencio
una cucharadita de paciencia
y diez tragos del ron Caballito Frenao'
cuelgo mi espalda detrás de la puerta
y me lanzo al abismo de una hamaca

mis vecinos
contemplan el futuro
por el ojo mágico
sin abrirle la puerta

en Chacao solo hay verbos
nadando en las alcantarillas
los adjetivos acobardados
huyeron por la calle El Muñeco

aquí los poetas
intentan construir
castillos de arena
en medio de la autopista

L'ultima festa

vieni a mangiare e a fare festa
perché c'è bellezza
nelle rovine
nella caduta degli imperi

vieni a mangiare e a fare festa
Odoacre
re romano
unto da Costantinopoli
erede di Attila
il flagello di Dio
assassino di Oreste

vieni a mangiare e a fare festa
Odoacre
tu che hai costretto
Romolo Augusto
ad abdicare
e poi gli hai risparmiato la vita
per la sua tenera età

vieni a mangiare e a fare festa
Odoacre
re degli sciri
figlio di Edicone
consigliere di Attila
eroe degli indisciplinati
e dei bellicosi

Romolo aveva quindici anni
fu messo lì da suo padre
l'ultimo imperatore

La última fiesta

ven a comer y a festejar
porque hay belleza
en las ruinas
en la caída de los imperios

ven a comer y a festejar
Odoacro
rey romano
ungido por Constantinopla
heredero de Atila
el azote de Dios
asesino de Orestes

ven a comer y a festejar
Odoacro
tú que obligaste
a Rómulo Augustus
a abdicar
y luego le perdonaste la vida
por su tierna edad

ven a comer y a festejar
Odoacro
rey de los esquiros
hijo de Edecán
consejero de Atila
héroe de los indisciplinados
y los belicosos

Rómulo tenía quince años
fue colocado por su padre
el último emperador

non prese mai alcuna decisione
assediato dagli unni
dai visigoti
e da te

vieni a mangiare e a fare festa
Odoacre
hai messo fine all'Impero Romano
celebriamo il tuo regno in rovina
inauguriamo il Medio Evo
vieni a mangiare e a fare festa
come hai sempre fatto per quindici anni
per celebrare con entusiasmo la tua barbarie
balliamo sul Tempio di Marte
e sul Pantheon di Agrippa
cantiamo tra le pietre

vieni a mangiare e a fare festa
ti invito io, Teodorico,
il tuo nemico in battaglia per quattro anni
al quale dopo cinque lustri
hai consegnato il trono
celebriamo insieme la caduta definitiva
dell'Impero
celebriamo la gloria celeste
della distruzione
gli amori divini e illeciti della crudeltà
balliamo sui morti
e sui terrorizzati

gli scarti della storia sono tutti nostri
Attila ci ha insegnato ad amare il sangue
la ferocia e la barbarie
vieni a mangiare e a fare festa
insieme a noi, i tuoi vincitori

nunca tomó decisión alguna
acosado por los hunos
los visigodos
y por ti

ven a comer y a festejar
Odoacro
le pusiste fin al Imperio Romano
celebremos tu reino en ruinas
inauguremos la Edad Media
ven a comer y a festejar
como lo has hecho durante quince años
celebrando con entusiasmo tu barbarie
bailemos sobre el Templo de Marte
y el Panteón de Agripa
cantemos entre las piedras

ven a comer y a festejar
te convido yo, Teodorico
tu rival en batalla por cuatro años
a quien luego de tres lustros
le entregaste el trono
celebremos juntos la caída definitiva
del Imperio
celebremos la gloria celestial
de la destrucción
los amores divinos e ilícitos de la crueldad
bailemos sobre los muertos
y los ateridos

los deshechos de la historia son todos nuestros
Atila nos enseñó a amar la sangre
la ferocidad y la barbarie
ven a comer y a festejar
con nosotros, tus vencedores

lanciamo grida di vittoria sanguinante
sguainiamo le nostre spade
scambiamoci racconti di guerra
alziamo la tua arma al cielo
per l'ultima volta
oggi all'alba
prima di attraversare con quella le tue costole
per dirti addio
con la bella tradizione
che tutti un giorno o l'altro
avremo meritato

gritemos los aullidos de la gloria sangrienta
desenvainemos nuestras espadas
intercambiemos historias de guerra
alcemos tu arma hacia el cielo
por última vez
esta madrugada
antes de atravesar con ella tu costillar
para despedirte
con la hermosa traición
que todos algún día
mereceremos

Ulisse

Non è il solito eroe... È un uomo con poco potere. Non ha un esercito
numeroso come Achille, Agamennone e Menelao. Contribuisce solo con
una nave... Spesso sembra che preferisca mangiare piuttosto che combattere.
Nemmeno si preoccupa di non fingere pazzia per non andare in guerra.
È come se Ulisse procedesse con la depressione.

JAMES HILLMAN

Una compagnia teatrale universitaria montò un'Odissea. Era l'unica
presentazione che avrebbero fatto con quel cast, perché alla fine il
protagonista, Odisseo, doveva andare all'estero per studiare.
Come tanti giovani, fuggiva da un paese in guerra.
La notizia rendeva la presentazione un po' più emozionante. Avevano
lavorato molti mesi per montare la pièce. Questa sera sarebbe stato il
debutto e il congedo, l'unica opportunità per vederla.
Quello che gli attori ignoravano era che anche nel pubblico molti dei
presenti dovevano andarsene. Scappavano da un paese diventato
pericoloso e asfissiante. Poco a poco sfilarono verso l'uscita, a seconda
dell'orario di partenza dei loro voli. Nel buio se ne andarono
scappando, uno ad uno. Al punto che rimase solo una bellissima donna
seduta nel mezzo della sala.
La chiameremo Penelope.
Nella penultima scena, Odisseo torna a casa e nessuno lo riconosce,
finché finalmente mostra le sue ferite.
Alla fine dell'opera Odisseo rimase da solo sul palcoscenico. L'applauso
di una donna rivelò il teatro quasi vuoto. Odisseo si guardò attorno
sperando che i suoi compagni uscissero a ricevere l'ovazione, ma non
venne nessuno. Sentì un bruciore alla coscia. Odisseo e Penelope si
guardarono negli occhi e sorrisero, complici di un bellissimo assurdo.
Seppero che ogni istante conta.

Ulises

No es el héroe usual… Es un hombre de poco poder. No tiene ejército masivo como Aquiles, Agamenón y Menelao. Contribuye solo con un barco… Con frecuencia parece que prefiere comer a pelear. Tampoco está por encima de fingir locura para evitar ir a la guerra. Es como si Ulises procediera mediante la depresión.

JAMES HILLMAN

Un grupo de teatro universitario montó la Odisea. Era la única presentación que iban a tener con ese elenco, porque al final, el protagonista, Odiseo, tenía que irse al exterior a estudiar.

Como tantos jóvenes, huía de un país en guerra.

La noticia hacía de la presentación algo más emotivo. Habían trabajado muchos meses para montar la pieza. Esta noche sería su debut y su despedida, la única oportunidad de verla.

Lo que no sabía el elenco era que en la audiencia, muchos de los presentes tenían también que irse. Escapaban de un país que resultaba peligroso y asfixiante. Poco a poco fueron desfilando hacia la salida, dependiendo de la hora en que partía su vuelo. En la oscuridad fueron escapando, uno a uno. Al punto que solo quedó una hermosa mujer sentada en el medio de la sala.

Llamémosla Penélope.

En la penúltima escena, Odiseo regresa a su casa y nadie lo reconoce, hasta que finalmente muestra sus heridas.

Al final de la obra Odiseo quedó solo en el escenario. El aplauso de una mujer delató al teatro casi vacío. Odiseo miró a su alrededor esperando que sus compañeros vinieran a recibir la ovación, pero no vino nadie. Sintió un ardor en el muslo. Odiseo y Penélope se vieron a los ojos y sonrieron, cómplices de un hermoso absurdo.

Supieron que cada instante cuenta.

ÍNDICE

A

ZOOCOSIS | MANUEL LLORENS

Made in Miami Beach ~ Printing as needed

◊◊◊

2021

www.ingramcontent.com/pod-product-compliance
Lightning Source LLC
Chambersburg PA
CBHW020206090426
42734CB00008B/955